Müthiş Psikoloji

Hayır Diyebilme Sanatı

Sınırların Kadar Özgürsün

DESTEK
yayınları

DESTEK
MEDYA
GRUBU

DESTEK YAYINLARI: 1140
KİŞİSEL GELİŞİM: 194
MÜTHİŞ PSİKOLOJİ / HAYIR DİYEBİLME SANATI

İmtiyaz Sahibi: Yelda Cumalıoğlu
Genel Yayın Yönetmeni: Ertürk Akşun
Yayın Koordinatörü: Özlem Esmergül
Editör: Özlem Esmergül - Özlem Küskü
Son Okuma: Devrim Yalkut
Kapak Tasarım: İlknur Muştu
Sayfa Düzeni: Işıl Ilgıt Şimşek
Sosyal Medya-Grafik: Tuğçe Budak - Mesud Topal

Destek Yayınları: Eylül 2019
110. Baskı Ocak 2020
140. Baskı Şubat 2020
175. Baskı Temmuz 2020
215. Baskı Ekim 2020
240. Baskı Şubat 2021
250. Baskı Nisan 2021
260. Baskı Temmuz 2021
265. Baskı Eylül 2021
275 - 285. - 295. Baskı Ekim 2021
305. Baskı Kasım 2021
308. Baskı Nisan 2022
Yayıncı Sertifika No. 13226

ISBN 978-605-311-652-3

Abdi İpekçi Caddesi No. 31/5 Nişantaşı/İstanbul
Tel. (0) 212 252 22 42
Faks: (0) 212 252 22 43
www.destekdukkan.com
info@destekyayinlari.com
facebook.com/DestekYayinevi
twitter.com/destekyayinlari
instagram.com/destekyayinlari
www.destekmedyagrubu.com

Yıkılmazlar Basım Yay.
Prom. ve Kâğıt San. Tic. Ltd. Şti.
15 Temmuz Mah. Gülbahar Cad. No. 62/B
Güneşli - İstanbul
Sertifika No. 45464
Tel. (0) 212 630 64 73

DESTEK yayınları KARAKARGA BEYAZ BAYKUŞ genç DESTEK

Müthiş Psikoloji

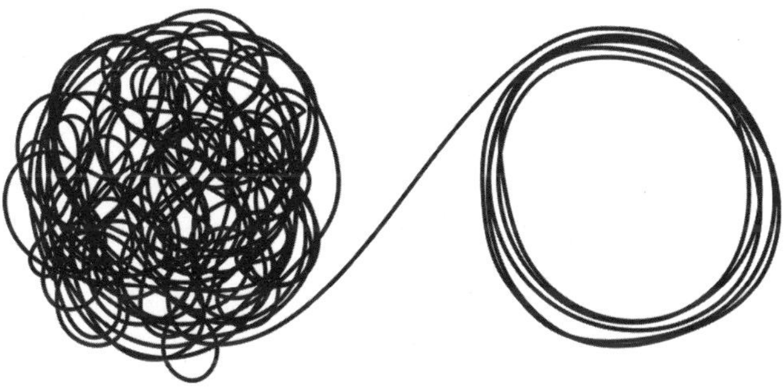

Hayır Diyebilme Sanatı

Sınırların Kadar Özgürsün

@muthispsikoloji

DESTEK
yayınları

I. BÖLÜM

ÖZGÜRLÜĞÜNÜZ, SINIRLARINIZIN GÜCÜ KADARDIR

Gerçekten "özgür" müsünüz?

Bu sorunun cevabını ararken hayatınızın romanını yazabilirsiniz muhtemelen.

Her şeyden önce sizin özgürlükten anladığınız nedir mesela, düşünün bakalım...

Dilediğiniz zaman dilediğiniz yemeği yiyebiliyor olmak mı özgürlük?

Toplumsal hiçbir baskı hissetmeden içinizden geldiği gibi giyinebiliyor olmak mı yoksa?

Canınızın istediği saatte uyuyup uyanıp, yine canınızın istediği saatlerde istediğiniz kadar çalışarak, ihtiyacınız olan parayı kazanabilmeniz mi?

Yoksa sadece bir hafta sonu tatilinde cep telefonunuzu kapattığınızda mı özgür hissediyorsunuz kendinizi?

Bir de şu açıdan bakın bakalım, ne düşüneceksiniz?

Hayatınızla ilgili her kararınızı sadece kendinizi düşünerek mi alıyorsunuz?

Kaderinizin ipleri tamamen sizin elinizde mi?

Başkalarının sizden yararlandığını düşündüğünüz oluyor mu?

Kaybetmekten korktuğunuz insanlar yok mu?

Değişmeye ne kadar açıksınız?

Düzeninizi, arzuladığınız yönde baştan aşağı değiştirmeye cesaret edebiliyor musunuz?

Yorucu sorular olabilir, kabul...

İÇİNDEKİLER

IV. BÖLÜM

ÖZGÜRLÜĞÜNÜZ
SINIRLARINIZIN
GÜCÜ
KADARDIR.

O halde burada duralım biraz.

Çünkü bütün bunların cevabını ararken upuzun ve derinlikli bir kitap yazmaya başlamış bulacaksınız kendinizi.

Üstelik sadece kim olduğunuzdan emin olabilmek adına derin sularda sert yüzleşmeler yaşayarak ve sonunda belki hâlâ kim olduğunuzun cevabına ulaşamamış hissedeceksiniz.

İşleri zorlaştırmayalım...

En azından yumurtayı nasıl yemekten hoşlandığınızı düşünün.

İlle de rafadan mı?

Yoksa "Bugünlük de böyle olsun, ne fark eder ki?" dediğiniz de olur mu?

Bu önemsiz gibi görünen küçücük ayrıntıların savaşında özgürlüğünüzü kaybettiğinizin farkında bile değilsiniz aslında.

Çünkü "özgürlük" sandığınız gibi "sınırsız" olmak demek değildir, tam tersine net ve güçlü sınırlara sahip olabilmenizle ilgilidir.

Diğer bir deyişle hayır diyebildiğiniz ölçüde, özgürlük alanınıza sahip çıkarsınız.

Hayır diyemediğiniz her konuda, sınırlarınızın ihlal edilmesine izin verirsiniz ki, sınırları ihlal edilmiş bir ülke özgür değildir.

Bu kitap size sınırlarınızı doğru çizerek, kendinize geniş bir özgürlük ve özgüven alanı yaratmayı vaat ediyor.

Unutmayın ki özgürlük ve özgüven, sadece yaşam kalitenizi yükseltmez, özel ilişkilerinizden sosyal ilişkilerinize, iş hayatınızdan ev hayatınıza kadar bütün alanlarda kendinizle ilgili çatışmalarınızı ve çekişmelerinizi onarır. Çünkü insan başkasıyla çatışırken bile sadece kendiyle kavga ediyordur.

Hayır Diyebilmenin Tarifsiz Güzelliği

Hayır diyememek elbette bir kişilik bozukluğu değildir. Ancak şu var ki, hayır diyemeyenler, sınırlarının ihlal edilmesine izin verdiği ölçüde, benlik kaybına maruz kalır ve birtakım psikolojik sorunlar deneyimliyor hale gelir.

Hayatta ilk deneyimler aile yaşantısında edinilir. Dünyaya dair pek çok kavram da burada öğrenilir. Anne-baba-çocuk arasında kurulan güvenli bağ, sağlıklı bir benlik bilincinin oluşmasına ve kişinin kendini değerli, önemli hissetmesine yol açar.

Benlik bilinci, sizin çevre tarafından algılanma biçiminiz, ne olduğunuz ve ne olmanız gerektiği ile ilgili düşüncelerdir. Benlik algısı ise sizin benlik bilincini kendinize özgü değerlendirmenizdir. Olumlu bir benlik algısı geliştirmek için:

- Kendinizi tanımanız
- Çevreyle işbirliği içinde bir ilişki kurabilmeniz
- Kendinizi kabul etmeniz
- Kişisel olarak kendinize yetmeniz
- Kendinizi ifade etmeniz
- Özgüvenli olmanız
- Kendinizin farkında olmanız gerekir.

Benlik algısının oluşumunda yaşanan aksaklıklar sınırları kolaylıkla ihlal edilebilen biri haline gelmenize yol açar.

Sınırlarınız derinleşerek ihlal edilmeye devam ettiği sürece de yaşayabileceğiniz belli başlı fiziksel ve psikolojik rahatsızlıklar söz konusudur.

Kekemelik, boyun ağrıları, mide bulantısı, mide kasılması, gastrit, strese bağlı saç ve deri döküntüleri, sedef, bel ve boyun tutulmaları, öfke patlamaları, kişilik bozuklukları, panik atak, manik depresiflik, depresyon gibi...

Sınırlarınızı oluşturmanız ve sınırlarınızı kararlı bir şekilde korumaya almanız fiziksel ve psikolojik sağlığınız açısından çok önemli.

Ancak bu demek değildir ki her konuda her zaman azılı bir muhaliflik gösterin.

Sınırlarınız, kim olduğunuzdur.

Bu yüzden büyük büyüteci kendinize tutmanız, aslında kim olduğunuzu iyi bilmeniz gerekir ki, olduğunuz halinizi sağlıkla koruyabilmeniz mümkün olabilsin.

Mesela metropol hayatının içinden sıradan bir kahraman seçelim ve farkında olmadığı sınırları hakkında birlikte bir gözlem yapalım...

Kahramanımız kadın olsun. Hikâyeyi anlatırken kolaylık sağlaması açısından ismini de "Esin" koyalım, olur mu?

Sayın Evet'in Sıradan Bir Günü

I

Günaydın

Sabahın altısında bu neyin telefonu?

Uyanmasına 45 dakika daha vardı oysa... "Keşke telefonumu kapatsaydım" diye düşündü açarken...

Ne kadar da saçma buldu bu fikrini sonra. Hayatının hangi döneminde telefonunu kapatıp uyuyabilmişti ki?

Şehir dışındaki öğrencilik hayatı boyunca evhamlı anne babasının içi rahat etsin diye günün her anı, gecenin her vakti ulaşılabilir olmak zorunda kalmıştı hep. Şimdi evliydi, koskocaman kadındı, hatta artık kendisi ebeveyn olmuş, yedi yaşında bir afacana annelik ediyordu ama telefon kapatıp yatmak da neymiş?

Annesi de babası da oldukça yaşlı ve hastaydılar. Bu kez kendi yüreği ağzında uyuyordu her gece. "Ya onlara bir şey olur da aradıklarında bana ulaşamazlarsa?" kaygısı yüzünden yirmi dört saat boyunca hiç kapanmayan bir cep telefonuyla yaşıyordu işte. Bu fırsatı değerlendirenler de çıkacaktı tabii ki...

Ofis arkadaşı Esra gibi mesela...

"Ne oldu Esra sabahın bu saatinde hayırdır?"

"İşe giderken bugün beni de alsana evden Esin. Sende şirket arabası var ne de olsa... Yolda kardeşime uğramam gerekiyor. Eşine aldığım doğum günü hediyesini değiştireceğim. Ayakkabılar enişteye olmamış da..."

"İyi de ben sabahları oğlumu bırakıyorum okula. Ayrıca bugün müdürü de görmem gerek. Beş dakika için bile olsa uğrayın demişti. Hem bana ne eniştene aldığın ayakkabılardan? Dün eve dönerken bir zahmet alsaydın değiştireceğin hediyeyi...

Bunun için beni hem uykumdan ediyorsun, hem sanki benim bir düzenim ya da planım yokmuş gibi emrivaki yapıyorsun, üstelik uygun olup olmadığımı bile sormuyorsun. Şirket arabam var diye bütün ofise servis hizmeti veremem ya. Arabaya en çok ihtiyacı olan personel olduğum için tahsis edildi bu araç bana. Milletin işini gücünü halledeyim diye değil..." diyemedi tabii ki...

Biraz kekeler gibi oldu önce. "Yani ben aslında bu sabah, Ali'yi okula bırakıp oradan... Ama ne bileyim... Hem daha saat çok erken..."

"Yolumuzun üstü zaten. Vakit kaybetmeyeceğiz. Kardeşim aşağı inip verecek paketi. Ben de erken aradım ki doğru organize olabilelim diye..."

"Tamam tamam..." dedi Esin. "Evden çıktığımda çaldırırım seni, ona göre çıkarsın kapıya..."

Bu nasıl işgüzarlık böyle? İnsanlar ne kadar da düşüncesiz, anlayışsız... Hatta bencil... Ayıp bu ama ayıptan anlayan kim?... Herkes işi görülene kadar dost işte...

Sabah sabah sinirleri öyle bozulmuştu ki, telefonu komodine sertçe vurup yattı yine.

"Yavaş olsana Esin" dedi eşi uykulu ama tavırlı bir sesle... "İnsan uyuyor burada..."

Karşılık vermedi Esin... Kırk dakikası daha vardı uyumak için. Kimse uğruna feda etmeyecekti. Ne kadar kızgın da olsa gözlerini kapadığı an, dalıverdi hemen.

Kulaklarında patlayan öfkeli bir sesle sıçrayıp kalktı sonra.

"Uyan artık! Bu nasıl sorumsuzluk!"

Eşi telaşla fırlamıştı yataktan. Aceleyle banyoya koşturup sinirle çarptı kapıyı. Küçük Ali de gürültüden korkmuş, heyecan içinde dalmıştı yatak odasına.

"Hay Allah!" dedi Esin telefonun saatine bakarken. "Uyuyakalmışım."

Esra'nın telefonuyla uyandığında alarmı kapatmış olmalıydı farkında olmadan.

"Nasıl yaptım ben bu aptallığı... Alarmı kapatmışım resmen, el alışkanlığı işte... Hay ben kafama..."

Esra da aramaya başlamıştı işte. Çoktan çıkmaları gerekiyordu aslında.

"Bu sabah kahvaltı hazırlayamayacağım, herkes giyinsin beş dakika içinde fırlıyoruz" dedi Esin. "Sana da okuldan poğaça ve süt alırız Ali olur mu?"

Ali'nin canına minnet... Zaten hiç sevmiyor sabah kahvaltılarını...

"Olur" dedi. "Meyveli süt alırım ben..."

Ne var ki Esin'in eşi bu kadar toleranslı değil...

"Ofiste kahvaltı yapmaya vaktim yok benim" diye seslendi banyodan. "Erken saatte toplantım var. Adamlar yurtdışından geliyor. Bekletemem kimseyi. Aç açına geçiremem bütün sabahı..."

"Peki" dedi Esin. "Sonuçta ailemizi geçindiren sensin..."

Eşinin filtre kahvesini, rafadan yumurtasını, kızarmış ekmeklerini ve en sevdiği kahvaltılıklarını hızlıca hazır edip Ali'yi kaptığı gibi çıktı evden.

Müdürle görüşeceği vakti çoktan kaybetmişti kahvaltı hazırlarken. Esra da "Nerede kaldın?" diye üst üste çaldırıp duruyordu zaten. Sabah sabah canı burnundaydı Esin'in. Eğer bir daha çaldırırsa telefonu açıp ağzına geleni söyleyecekti ama sustu neyse ki.

"Ödevlerim yine evde kalmış!" diye telaşlanmaz mı Ali? "Öğretmen kızacak yine bana. Hep senin yüzünden, yardım etmiyorsun bana. Hiç yardım etmiyorsun..."

"Eyvahlar olsun!" dedi. "Ödevler mi yok yine?"

Ali, üzgün ve ağlamaklıydı.

"Üzülme bir tanem, ben öğretmenini arayıp konuşacağım. Sen ödevlerini yaptın sonuçta..."

"Yaptım ama nerede, yok işte yok!"

Esra aramaya başlamıştı işte yine. İyice geriliyordu Esin.

"Ödevlerin senin sorumluluğunda ama Ali..."

"Yaptım ki zaten ödevimi... Ama çanta hazırlamak ikimizin göreviymiş öğretmen öyle dedi. Ertesi gün hangi ders varsa annenizle birlikte akşamdan çantanızı hazırlayın dedi. Sen yardım etmiyorsun ki!"

"Ben öğrenciyken bütün işimi kendim yapıyordum. Çantamı da önlüklerimi de kendim hazırlıyordum Ali. Biraz sorumluluk alacaksın ama sen de. Öyle parka gelir gibi gelinmez okula."

"İyi ama ben daha önce hiç öğrenci olmadım ki, ne bileyim? Yardım etsen ne olur ki sanki?"

Bu kez Esin çok üzgün hissetti kendini. Küçücük bir çocuktan fazla sorumluluk beklediğini fark etti. Ali'nin ilgiye ve yardıma ihtiyacı vardı tabii ki... Sürece annesiyle birlikte alışmaya hakkı vardı. Onu çok yalnız bıraktığı için kızdı kendine.

"Haklısın bir tanem" dedi. "Söz veriyorum bir daha olmayacak."

Ali'yi okula bırakıp koşar adım arabaya geri döndü Esin. Müdürü gün içinde arayıp durumu izah ederdi nasıl olsa. Varsın ilgisiz bir anne olduğunu düşünsünler. Yapacak hiçbir şey yoktu şu an.

Yirmi dakika gecikmeyle de olsa Esra'yı aldı evinden.

"Geç kalma diye sabahın altısında aradım seni aşkolsun" dedi Esra yüzü beş karış... "Kardeşim de ağaç oldu dışarıda..."

"Uyuyakalmışım işte. Yapacak bir şey yok..."

"Her sabah hep böyle misiniz siz? Çok zor işiniz... Evde çocuk var, koca var. Onlara da yazık... Ne işe ne okula yetişebilirler..."

"Her sabah böyle değiliz merak etme. Bugün işler karıştı biraz. Uykum bölününce toparlayamadım."

"Allah'tan altına araba çekmiş şirket yoksa elin ayağın birbirine dolanacak senin. Bize araba vermiyorlar şirketten tabii. Biz her zaman her koşulda hep zamanında yetişiriz her şeye çünkü..."

Esra'nın cüreti iyice canını sıkıyordu Esin'in. Sayesinde güne büyük bir kargaşayla başlamışlardı ama üzerine alındığı yoktu hiçbir şeyi... "Haddini aşmak buna denir!" diye düşündü Esin. "Yüz verirsen böyle olur işte..."

"Sayın Evet" Nerede Yanlış Yapıyor?

Esin'in bir varlık ve benlik alanı yok aslında. Üstelik bunu bir yaşam düzeni olarak kabul ediyor. Hayat sadece böyle akarmış gibi...

Sevdiklerinin ona aniden ihtiyacı olabilir kaygısıyla geceleri yatarken cep telefonunu bile kapatmıyor. Öğrencilik yıllarından beri başkalarının önceliğine alan yarattığından kendiyle ilgili önceliklere sahip değil...

İyi eğitimli, başarılı bir çalışan ve ebeveyn olduğu halde özgüveni yok. İşyerinin aracıyla kimsenin işini halletmek zorunda olmamasına rağmen çalışma arkadaşına hayır demekten çekiniyor, çünkü belli ki ofiste hakkında konuşuluyor ve Esin kimsenin kötü eleştirilerine, yergilerine maruz kalmak istemediği için arkadaşının yersiz isteklerini bile geri çevirmiyor. Sınırlarının ihlal edilmesine öylesine izin vermiş ki, alt pozisyonunda çalışan biri bile özel işlerini halletmek için uygunsuz saatlerde onu arama cüretini bulabiliyor kendinde.

Esin, bu esnek tutumu sayesinde işyerindeki huzurunu koruyacağına inanmış bir kere. Kimseyle arası kötü olmasın diye, özel alanının fütursuzca istila edilmesine fırsat veriyor.

Nasıl bir anne olarak göründüğüyle ilgili kaygıları var ancak sınırları öylesine istila edilmiş ki çocuğuyla sağlıklı ilişki kurmakta zorlanıyor. Öncelikleri net ve tutarlı olmadığından, çocuğuna karşı sorumlulukları başkalarının ondan taleplerine göre öne alınabilir ya da ötelenebilir bir hal almış. Oysa süreç içinde çocuğun karşılanmayan ihtiyaçları annesinden daha da büyük beklentilerde bulunmasına, ilgi arzulamasına neden olacaktır ki Esin'in çocuğuyla sağlıklı bir sınırı olmadığı için bu kez Ali tarafından da sınırları yüksek ölçüde istila edilmeye başlayacaktır.

Eşi daha büyük bir şirkette, daha büyük sorumluluklar aldığı ve daha fazla para kazandığı için Esin'in ona karşı toleransı giderek genişlemiş. Sınırları bu anlamda da fazlasıyla aşılmış. Oysa Esin de çalışıyor, para kazanıyor, evinin geçimine katkıda bulunuyor ancak eşiyle arasında bu anlamda sağlıklı sınırlar oluşmadığı için ona hayır demekte hayli zorlanıyor hatta kalkışmıyor bile. Kendi yaptığı işi eşinin yaptığı işten daha değersiz buluyor, eşinin de bu bakış açısına sahip olmasında bir haksızlık görmüyor.

"Hayır, bu sabah kahvaltı hazırlayamam çünkü benim de yetişmem gereken bir işim var" demeyerek, varlık ve benlik sınırlarına aslında kimsenin saygı göstermemesine bir anlamda kendi fırsat sunuyor.

Bu durumda günü doğru kurgulamak için ihtiyaç duyulan sağlıklı çözüm ne olabilir?

Birlikte bakalım...

1. Öncelikleri doğru sıralamak:

- İşimde verimli olabilmem için uykumu iyi almalıyım. Telefonla kimsenin beni yerli yersiz aramasına izin veremem. Uykum benim özel alanım ve tabii ki önceliklerim arasında. O halde gece yatarken telefonumu kapatırım. Bana acil ihtiyacı olabilecek insanlar için ya özel bir numara alırım ya da acil durumlarda aranması gereken kurumların ve kişilerin listesini veririm.

- Kimsenin özel işlerini kendi programımı aksatmak uğruna yapmak zorunda değilim. İşyerinden aldığım araç, işe gidip gelmem ve toplantılara yetişmem için bana özel tahsis edildi. Arkadaşıma "Bu konuda sana yardımcı olamayacağım. Benim başka bir programım var. Hayır, seni almaya gelemem, mümkün değil, yapabileceğim başka bir şey yok" derim.

Etkili hayır hangisidir?

1. "Hayır, gelemem, çok üzgünüm..." demek, yaptığınız işin içinde kendi adınıza suçluluk hissettiğinizi gösterir. Aslında gitmeniz gerek ama üzgünsünüz, gidemiyorsunuz. Yaptığınız şeyde bizzat kendinizi de suçlu buluyorsunuz ki bu tutum karşı tarafı haklı çıkarır. Haksızlığa uğradığını hissettirir. Çünkü siz bile yapamadığınız şey için fazlasıyla üzgün olduğunuzu açıkça ifade ediyorsunuz.

Etkili bir hayırın içinde suçluluk, korku ve endişe yoktur.

"Hayır, seni almaya gelmem mümkün değil. Benim başka bir planım var. İşyerinde görüşürüz, hoşça kal..."

Tereddütsüz, kaygısız, kararlı, saygılı, dirençsiz ve en önemlisi de suçluluk hissi barındırmayan, kendinden emin bir hayır varlık ve benlik alanınızın en güçlü muhafızıdır.

2. Çözüm bulma sorumluluğu sizin vazifeniz değil. Etkili hayırlardan biri de size ait olmayan yüklerin altına gönüllü girmemenizdir.

"Gelemiyorum ama taksiyle mi gitsen ya da öğle paydosunda ben seni götürüp getirsem olmaz mı?" yaklaşımı da tıpkı "üzgünüm" sözündeki gibi kendinizi hâlâ suçlu hissettiğiniz sonucuna ulaştırır sizi. Her şeyden önce karşı tarafı memnun etme işini kendinize görev biçtiğinizi ve eğer bu işi yapamazsanız büyük ayıp etmiş olacağınızı açıkça ortaya koymuş olursunuz. Sizden talepte bulunan kişiye, aslında onun bu talepte ne kadar haklı olduğunu ancak sizinse suçlu olduğunuzu kabul etmeniz demektir bu yaklaşım.

Dolayısıyla kimse size karşı kendisini suçlu ve hadsiz hissetmez. Bilakis görevinizi yerine getirmediğiniz için sizi suçlamaya hakkı olduğunu bile düşünür.

Sizinle hiç ilgisi olmayan bir konuya çözüm ortaklığı etme çabanız, sizi düşünceli ve iyi bir insan yapmaz. Tam tersine arkadaşına karşı asli vazifesini yerine getirmekten bile çekinen bir bencil olduğunuz algısı doğar.

Dolayısıyla ideal cümle olan "Hayır, seni almaya gelmem mümkün değil. Benim başka bir planım var. İşyerinde görüşürüz, hoşça kal..." gayet yeterli ve kararında bir yaklaşımdır. Bu durumda ne bencil olursunuz ne de kendinizi suçlu hissedersiniz. Sadece uygun değilsinizdir, başka bir önceliğiniz vardır, hepsi bu...

- Öncelikleri doğru sıralamak konusuna, örnek hikâyenin üzerinden devam edelim o halde:

Önce çocuğumu uyandırmalı, çantasını hazırlamalı ve ona kahvaltısını yaptırmalıyım. Bunun dışında hiçbir emrivaki yüzünden önceliğimi değiştiremem. Ayrıca bugün okulda müdürüyle görüşmem olduğu için, eşimle uzun uzadıya ilgilenemeyeceğim. Ne giyeceğine kendi karar verecek, kahvaltısını da kendi hazırlayacak.

"Sevgilim ben Ali'yi doyurup çıkıyorum. Bugün kahvaltıda yalnızsın. Seni seviyorum. Akşama görüşürüz..."

"Ama ben ofise aç gidemem, toplantılarım var..."

"Sana kahvaltı hazırlarsam Ali'nin işini halledemem. İşe de geç kalırım. Bugün sana yardımcı olamayacağım."

Önceliklerinizi sürekli değiştirirseniz ne olur?

Sadece karmaşa yaşarsınız ve ihlal edilen sınırlarınız yüzünden hiçbir işiniz idealinizdeki gibi sonuçlanmaz, giderek mutsuzlaşan hatta birtakım psikolojik sorunlar yaşayan birine dönüşürsünüz. Ne kendinizi memnun edebiliyorsunuzdur artık, ne de başkalarını...

Daha çok sevilmek, sayılmak, huzur ortamında yaşamak, çatışmadan uzak kalmak uğruna gözden çıkardığınız sınırlarınız hapishanenize dönüşür.

Hayır diyemediğinizde, özgür değilsinizdir. Yaşamınızın ipleri başkalarının elindedir. Hayatınızdaki herkes iplerinizden çekiştirerek oradan oraya savuruyordur sizi. Ne bir yere ulaşabiliyorsunuzdur artık ne de kim olduğunuzu ve aslında ne istediğinizi düşünecek kadar gücünüz kalmıştır.

2. İdeal sınırı bulmak:

"Sınır" nedir, hangi durumlarda hayır denmelidir?

Sınırlar, katı kurallar ve prensipler değildir. Başkalarına ördüğünüz duvarlar da olamaz... Sizi ulaşılmaz değil, sağlıklı ve mutlu kılmak üzere işlevsel olmalıdır sınırlarınız.

Birine hayır derken niyetinizden emin olun muhakkak.

Gerçekten yapmak istemediğiniz bir şeyi mi geri çeviriyorsunuz, yoksa birinin canını sıkmak, haddimi bildirmek, tabiri caizse onu bozmak için mi?

Çünkü niyetiniz her neyse, ikisinde de başarılı olacaksınızdır.

Sonrasında "Altı üstü geri çevirdim ama benimle tartışmaya başladı, halbuki amacım bu değildi" diye yakınırken kendinizi kandırdığınızın farkında olmak istemeyebilirsiniz.

3. Uygulamada tutarlılık:

"Hadi madem, bu sefer de böyle olsun" diyenlerdenseniz, hayır diyebilme becerisine sahip olabilmeniz sizi hiçbir zaman tatmin etmeyecektir. Sözde hayır diyebilen, sınırları olan, özgüveni sağlam, varlık ve benlik alanı güvende biriymişsiniz gibi görünseniz de, bu aslında sadece idealinizdeki siz...

Pratikteki siz, uygulamada zayıf kaldığı sürece bir "Sayın Evet" olmaya devam edersiniz.

Burada amaç hayır demek değil, hayıra sahip çıkmak...

"Hayır ben kesinlikle borç para vermem ama bu seferlik böyle olsun bakalım, seni kırmayayım" yaklaşımı gayet acıklı değil mi?

Aslında sınırlara sahip çıkma arzusu var, ancak irade gücü yok...

Dilde bir hayır duruyor ama varlık ve benlik alanı ihlale gayet açık ve müsait.

İkna edilebilir olmak, bir tür güvensizliktir.

II

İyi Çalışmalar

İşe yarım saat gecikmişti Esin... Canı sıkkındı biraz. Aklı Ali'de kalmıştı hem... "Keşke sabah kontrol etseydim çocuğun çantasını" diye düşündü. Üstelik Esra'nın suratı hâlâ beş karıştı. Geç kaldıkları için Esin'i suçlayıp duruyordu sürekli.

"Tabii sana karışan görüşen yok" diyordu. "Şimdi iki saat açıklama yapmak zorundayım ben müdüre. Ne diyeceğim, Esin Hanım uyuyakalmış mı?"

"Konunun benimle ilgisi yok" dedi Esin. "Bu tamamen senin kendi başına yaptığın bir program..."

"Gelemeyeceğini söyleyebilirdin, ben de boşuna beklemezdim."

Öyle ya... Pekâlâ "Gelemiyorum" diyebilirdi Esin ama herkesin işi görülsün, kimseyle arası bozulmasın, kimsenin alınganlıklarıyla uğraşmamak zorunda kalmasın diye perişan etmişti kendini. Üstelik biricik oğlunu bile üzmüştü bu yüzden.

"Değdi mi?" diye geçirdi içinden. "Yine de kimseye yaranamadın işte..."

Kahvaltı yapacak vakti de yoktu şimdi. Birkaç dakika içinde sabah toplantısına girmek zorundaydı. Başının döndüğünü hissediyordu halsizlikten, belki şekerli bir çay kurtarırdı onu.

Makineden şekerli bir çay alıp toplantıya geçti. Son zamanlarda hayli yoğundu işleri... Bir inşaat firmasının dış ortaklıklar departmanında çalışıyordu ne de olsa... Her hafta yurtdışından gelen yatırımcıları dolaştırıyordu inşaattan inşaata...

Bu haftaki misafirlerle özel olarak ilgilenilmesi gerekiyormuş ne yazık ki. Hiç üzerine almaması gereken bir yükle karşı karşıya bırakılmıştı Esin.

"Uygunsan, bu hafta senin denetiminde olsun her şey. Akşamları yemek, davet, gündüzleri gezileri toplantılar... Ne dersin?"

"Benim açımdan çok zor. Ben sadece sabah inşaat gezilerinde olayım lütfen" demesi yeterliydi oysa.

Hem müdürünün isteğini geri çevirip onu zor durumda bırakmak istemiyordu hem de işten kaçıyor gibi görünmekten çekiniyordu. Halbuki herkes farkındaydı Esin'in ne kadar becerikli ve disiplinli olduğunu. Zaten bu yüzden ağır işler teklif edilmiyor muydu ona?

"Kabul" dedi. "Altı üstü bir hafta sonuçta, ne olacak ki? Hallederim ben..."

"O halde bu akşam misafirlerimizle yemeğe çıkıyoruz. Şık bir yer organize edelim" karşılığını alınca dili tutuldu Esin'in.

Bu kadar mı çabuk başlayacaktı mesai?

Hay Allah!

Oysa bu akşam eşiyle baş başa güzel bir sofrada yemek planlıyordu içinden. Sabah boş yere gerilmişlerdi durduk yere. Eşinin ertesi günkü kıyafetleri ütülenecekti hem... Yoksa eli ayağına dolanırdı adamın, iyice gerilirdi.

Ayrıca Ali vardı... Birlikte ödev yapacaklardı, onunla ilgileneceğinin sözünü vermişti kendine...

"Olur" dedi. "Akşam şık bir restorana rezervasyon yaptırırım ben. Otelden aldırırız misafirlerimizi..."

Masasına döndüğünde açlıktan bayılacak gibi hissediyordu artık kendini. Öğle yemeğine yalnız çıkmak istedi bu kez. Önce eşini aradı. Akşam işi olduğunu söyledi. Çocuğu okuldan alamayacaktı. Kayınvalidesinden rica edeceğini anlattı.

"Peki" dedi eşi... "Annem alsın Ali'yi... Ben de erken dönerim eve."

"Sorun olmaz ama değil mi? Bu iş benim için çok önemli..."

"Ali için zor bir hafta olacak... Ayrıca annem için..."

"Annen torunuyla olmayı seviyor ama. Neden sorun olsun

ki?"

"Sevmek başka, bakmak başka... Kadın yaşlı sonuçta... Onun da kendince meşgaleleri var..."

"İstifa mı edeyim? Daha mı iyi olur?"

"Konuyla ne ilgisi var?"

"Sen işini gücünü yaparken hiç vicdan azabı duymuyorsun. Ama benim toplantılarım bile suçluluk hissettiriyor bana..."

"Konu giderek sapıyor Esin. Kapatmak zorundayım."

"Sorun olmaz ama değil mi?"

"Olmaz... İstediğini yap. Annemle konuş. O da bir hafta idare etsin."

Ne var ki Esin'in kayınvalidesi çok da gönüllü olmadı torununu okuldan almaya. Önceden verilmiş sözleri varmış. Mümkün değilmiş okula yetişmesi. Hafta içinde elinden geleni yapacakmış artık...

"Peki" dedi Esin. "Ben giderim Ali'yi almaya."

Kayınvalidesinden hiçbir şeyi ertelemesini isteyemezdi. Yardımcı olmayı onun akıl etmesini bekledi ama olmadı.

"Neyse..." diye düşündü Esin. "Tartışmaya gerek yok." Nasılsa akşam saatlerindeydi yemek. Ali'yi alır, evde babasının işten dönüşünü beklerlerdi. Sonra hazırlanır çıkardı.

"Sayın Evet" Nerede Yanlış Yapıyor?

Çatışmadan, tartışmalardan ve sorundan kaçma eğilimi, varlık ve benlik sınırlarının daralmasına neden olur.

"Aman insanlar gerilmesin..."

"Boş yere tartışma olmasın..."

"Hakkımda yanlış şeyler düşünmesinler..."

"Arkamdan konuşmasınlar..."

"Kötü biri olduğum fikrine kapılmasınlar..."

"Sevecen ve çözüm odaklı biri olmadığımı sanmasınlar..."

Bütün bu kaygıların temelinde değersizlik hissi, kaybetme ve sevilmeme korkusu, değer görme beklentisi yatar ki hepsi aslında dönüp dolaşıp özgüven yoksunluğuna dayanır.

Özgüven yoksunluğu, varlık ve benlik sınırlarının kolayca aşılmasına neden olur.

Sınırları olmayan bireylerin, sağlıklı bir psikolojiyle yaşam kalitelerini artırarak sürdürmeleri mümkün değildir.

Hayır diyemeyen, böylece varlık ve benlik sınırlarını oluşturup koruyamayan bireylerde çoğunlukla strese bağlı psikolojik sorunlara rastlamak hiç de az bir olasılık değil...

İçe kapanma, depresyon, kişilik bozukluğu, tükenmişlik sendromu, kronik yorgunluk bu sürecin belli başlı sıkıntıları olarak çıkacaktır su yüzüne...

Örnek hikâyede de görüldüğü gibi Esin, günün en erken saatinde bile fazlasıyla yorgun ve bitkin... Ancak başkalarının gözündeki algısına öylesine önem veriyor ki, hiçbir talebi ve isteği geri çeviremiyor. Böylece yaşam kalitesinden de psikolojik sağlığından da eksilterek ilerlemeye çalışıyor günlük hayatında. Aslında sadece günü kurtarıyor şimdilik... Esin'in kilitlenmesi, öfke patlamaları yaşaması ya da depresyona düşmesi an meselesi...

İşyerinde de gereksiz yükler alıyor sırtına. İşten kaçıyor gibi görünmemek, müdürünü reddetmiş olmamak ya da yakaladığı itibarı kaybetmemek için de olsa, yapamayacağı işlerin altına girmek de temelde özgüven sorununa dayanır. İtibarını kaybetme korkusu, yanlış anlaşılma korkusu, yerine başkasının tercih edilmesi korkusu elbette değersizlik hissinin bir ifadesi...

Hayır diyememek de elbette değersizlik hissi sonucunda ortaya çıkar. Kişi, kendini değerli ve itibarlı bulmak adına kimsenin ilgisini, beğenisini, onayını ve takdirini gözden çıkaramaz.

Onay beklentisi de aynı şekilde değersizlik hissinden kaynaklanır. Esin'in toplantı yemeğine giderken bile eşinden ve kayınvalidesinden onay isteği, özgüveniyle ve değersizlik hissiyle ilgili yaşadığı çatışmanın bir sonucu sadece...

"Sorun olmaz ama değil mi?" diye sorup durmasının altında da aslında "Ben yanlış bir şey yapmıyorum değil mi? Suçluluk duymaktan ve vicdan azabı çekmekten korkuyorum" çığlığı saklanıyor.

Değersizlik hissiyle baş edebilmenin temel yollarından beri, dışarıdan gelecek hiçbir onayın beklentisi içine düşmemektir.

Kimin, hangi konuda, ne düşündüğünü belirleyici bir faktör olarak kabul etmemek gerekir.

Dış seslerin ve faktörlerin alınacak kararlarda ya da zihinsel olarak oluşturulacak düşüncede majör bir güce ve etkiye sahip olması doğru değil...

"Sen doğrusunu yapıyorsun" sözünü işittiğinizde kendinizi iyi hissediyorsanız ve buradan aldığınız güçle yaptığınız şeyi sürdürüyorsanız aslında dış etkenler sizde majör bir etkiye sahiptir.

Aynı şekilde "Bu şekilde davranman doğru değil" sözünü işittiğinizde kendinizi kötü hissediyorsanız ve buradan aldığınız olumsuz etkiyle yaptığınız şeyi sürdürmekten vazgeçiyorsanız yine dış etkenlerin majör etkisi altındasınızdır.

Özgüveninize ve iradenize hiç güveniniz yoktur. Kendi adımlarınızla ilgili hiçbir fikre sahip değilsinizdir. Kendinize karşı bu yabancılaşmanız görmezden gelinemeyecek kadar ciddi bir konu...

İyi ya da kötü, doğru ya da yanlış iradenizle ve özgüvenizle majör kararlar alabiliyor olmanız çok değerli...

III

İyi Akşamlar

Her zamanki saatinde işten çıkan Esin, okuldan Ali'yi alıp döndü evine. Birlikte yemek yediler önce. Sonra hızla ödevlerine göz attı Ali'nin. Bir iki küçük boyama ödevi... Zevkle yapardı Ali bunları... Ödevinde pekâlâ yalnız bırakabilirdi onu. O halde çanta hazırlamak iyi fikir sayılır diye düşündü Esin.

Yarınki ders programına baktılar birlikte. Güzelce hazırladılar Ali'nin çantasını...

Kuaföre gidemeyecekti, ojelerini tazeleyemeyecekti, makyajını da kendi yapmak zorunda kalacaktı ama "Ziyanı yok" diye düşündü Esin. Aceleyle duş alıp giyindi. Üstünkörü toparladı saçlarını. Gelişigüzel de bir makyaj yapıp parfümünü sıktı. Eski ojelerle gidecekti artık. Özensiz göründüğünün farkındaydı ama önemli olan yemekte hazır bulunmaktı ne de olsa. Ne önemi vardı bakımlı ve özenmiş görünmenin?

Neyse ki eşi de annesiyle birlikte vakitli dönmüştü eve. Sofrayı hazırlayamadığı için çok mahcup hissetti kendini Esin.

"Evde yemek var" dedi. "Dilediğiniz zaman oturup yiyin keyifle..."

"Bu hafta yok musun yani şimdi sen?" diye sordu kayınvalidesi. "Ne işiymiş bu böyle?"

"Yoğun bir hafta olacak anneciğim. Ali'yi okula götürüp getirmen çok makbule geçecek... Sonra yine eski düzenimize döneriz biz..."

"En azından kahvaltımızı yapmış olacağız, döndüğümüzde de yemeğimiz olur" diye kinayeli bir tavırla eşi söze girince gerildi Esin.

"Sanki ben yapmıyorum" dedi Esin, kırgın. "Aşkolsun..."

"Neyse boş ver... İşine bak sen..."

"Çıkıyorum o halde" dedi Esin ama Ali'nin mızmızlanması geçmiyordu bir türlü.

Üstelik tuhaf şeyler anlatmaya başlamıştı annesine gideraayak gözyaşları içinde.

Akşamları sesler duyuyormuş, bir arkadaşı onu sürekli dövüyormuş, yazı yazarken parmakları çok ağrıyormuş, ayakları yürüyemeyecek kadar acıyormuş...

Esin hem çok gerilmiş hem de çok korkmuştu Ali'nin bu halinden.

"İlgi çekmeye çalışıyor" dedi eşi. "Çocukla pek ilgilenmediğin için..."

"Oğlumla her zaman ilgileniyorum ben" diye çıkıştı ama bugün müdürü aramayı bile unuttuğu aklına gelince perişan hissetti. Suçluluk duygusu öfke yaratmıştı onda.

"Ben senin kadar rahat değilim" dedi. Ali'yi hazırlayıp doktora götürecekti.

"Gerek yok kızım, şımarıklık yapıyor sadece" diyordu kayınvalidesi de ama ok yaydan çıkmıştı bir kere... Esin'in sakinleşmesi mümkün değildi. Oğlunun bu tuhaf hali kaygılandırıyordu onu. Üstelik bunda kendi payının büyük olduğunu düşündükçe iyice üzülüyor, kızıyordu.

Müdürünü arayıp akşamki yemeğe katılamayacağını söylemek zorunda kaldı.

"Sana bu sabah özellikle sordum Esin. Uygun olur musun, yoksa başka birine mi devredelim dedim. Yapamayacaksan başkası ilgilenebilirdi. Sen inşaat gezilerine katılırdın sadece olur biterdi. Yemeğe yarım saat var ve sen gelemiyorum diyorsun, bravo... Sana güvendiğim için ben de başka program yapmıştım. Çok uzaktayım. Yetişmem mümkün değil..."

"Haklısınız" dedi Esin, gözyaşlarını tutamıyordu. "Oğlum

iyi değil... Yürüyemiyorum diyor. Ne yapacağımı şaşırdım. Bunları hesaplayamazdım ki..."

"Esra'yı ara. Arabayı da ona ver. Hazırlanıp gitsin hemen..."

"Merak etmeyin. Sizi zor durumda bırakmam. Ali'yi babası götürür doktora. Hemen çıkıyorum ben..."

Ali'yi evde bırakıp doğruca restorana gitti Esin. Aklı fikri evdeydi tabii. On dakikada bir arayıp ne yaptıklarını soruyordu. Tam da eşinin söylediği gibiymiş aslında. Ali sadece annesinin ilgisini çekmek için kendince ufak tefek yalanlar söylüyormuş. Ne parmakları ağrıyor ne de ayakları acıyor.

Yine de içi rahat değildi Esin'in. Yemeği kısa kesip döndü eve. Oğlunun yanında uyudu gece, telefonu açık...

Yabancı misafirlerin geceyi çok da keyifli ve verimli geçirmedikleri ertesi gün şirkette konuşulacaktı muhakkak. Bu işi bir başına Esin'in sorumluluğunda bırakmazdı müdürü... Başka bir çözüm yolu bulacaktı elbette...

"Sayın Evet" Nerede Yanlış Yapıyor?

Esin, önceliklerini doğru sıralayamadığı için neyi yapıp neyi yapamayacağını da doğru seçemiyordu. Ayrıca üzerindeki stres ve baskı da giderek psikolojik sıkıntılara yol açıyordu. Yorgun, tükenmiş, karmaşık ve öfkeli hissediyordu kendini.

Sınırlar doğru belirlenmediğinde aşılmaları da güç olmuyor yazık ki. Kişi nereye kadar evet nereye kadar hayır sınırlarıyla çevrili olduğunu saptamadığı sürece, çaresizlik, çözümsüzlük ve sıkışmışlık içinde bulacaktır kendini.

"Artık ne yapacağımı şaşırdım. Öyle yapsam olmuyor, böyle yapsam olmuyor. Kimse hâlâ memnun değil... Peki ya ne yapayım ben, öleyim mi?"

Hayır diyemeyenlerin eninde sonunda varacağı bir tutumdur bu.

Dört bir yandan kuşatılmışlık, çaresizlik ve çözümsüzlük hali...

Elde var sıfır...

Onca emek, onca hoş görü, tolerans, kimseyi kırmamak için kabul edilen görevler, alttan alınan konular, hoş görülen sıkıntılar nedense hiçbir işe yaramamış olacaktır. Huzurlu ve mutlu olmak için gösterilen tolerans, beklendiği gibi mutlu bir sona ulaşamamıştır.

Çünkü hiç kimse, başkaları uğruna sınırlarını feda ederek, sağlıklı ve kalitesi yüksek bir yaşam satın alamaz.

Esin, işten kaçıyor gibi görünmekten korktuğu için altından kalkmakta çok zorlanacağı bir işe hiç de mecbur olmadığı halde evet diyerek hem işi zor durumda bıraktı hem de işi "beceremeyen" bir çalışan algısı oluşturdu müdürünün gözünde, durduk yere...

Oysa sadece "Hayır bu programı kabul edemem. Benim açımdan çok yorucu olur. Verimli de olamam" demesi kâfiydi.

Öncelikler ve sağlıklı sınırlar dengeleri korumak adına çok değerli... Korkular, kaygılar ve endişeler yüzünden sınırları ihlale açık tutmak, aslında korku, kaygı ve endişe duyulan her konunun oluşumuna zemin hazırlıyor.

Özgüven ve irade, varlık ve benlik sınırlarının korunması, sağlıklı bir insan psikolojisi ve kaliteli bir yaşamın sürekliliği açısından üzerinde çalışılması gereken iki değerli faktör...

- Yapacaklarınızı da yapamayacaklarınızı da doğru belirleyin.

- Yapmak istediklerinizin de istemediklerinizin de farkında olun.
- Niyetiniz sadece hayır demek olsun, karşınızdakini alt etmek, bozmak, ona haddini bildirmek değil...
- Unutmayın ki kimse size "yapmadığınız" için kırılmaz, "Yaparım!" dediğiniz şeyleri yapamadığınızda kırılırlar.
- Her şeye evet dediğinizde dünyanın en sevecen insanı olmazsınız. En yorgun ve stresli insanı olursunuz sadece ki kimse yorgun ve stresli insanların hayatında uzun zaman kalmaz.
- Hayır demek, hiç istemediğiniz halde evet demenizden çok daha dürüstçe bir karşılıktır ki dürüst insanları herkes sever.

TEST

"Sayın Evet" misiniz, Değil misiniz?

Gelin şimdi küçük bir test yapalım ve kitabın içinde ilerlerken sınırlarınızın ihlal edilmesine ne kadar izin veriyorsunuz, ne kadar vermiyorsunuz görelim ki, hayır diyebilmenin tarifsiz güzelliğini keyifle yaşayabilmenizi kolaylaştıralım.

1. Çok sevdiğiniz bir arkadaşınız var. Hatta belki birlikte büyüdünüz. Kardeşinizden yakın hissediyorsunuz onu. Ne var ki bir gün işleri ters gitti. Gelip kapınızı çaldı. Sizden borç istiyor. Ne zaman ödeyebileceği hakkında bir fikri yok. Çünkü hayatı allak bullak olmuş. Önünü göremiyor. Yardımınıza ihtiyacı var. Belli ki sizden başka çalacak kapısı da yok... İstediği para, bankanızdaki birikmişinizin yarıdan fazlası neredeyse... Ona borç verirseniz hayatı boyunca size minnettar kalacağını söylüyor. Durumu düzeltir düzeltmez borcunu ödeyeceğinin sözünü veriyor. Oysa sizin de onca parayı biriktirmenizin bir amacı vardı. O yıl bir araba alacaktınız artık. Yıllardır işe toplu taşıtla gidip gelmekten helak olmuştunuz. Sonunda kendi arabanızla işe gidip gelecek, hafta sonları canınızın çektiği yere sevdiklerinizle arabanıza atlayıp küçük tatil kaçamakları yapacaktınız. O kadar çalışıp biriktirmişsiniz, üstelik cefasını da çekmişsiniz. Emeklerinizin karşılığında birikiminizin keyfini sürecektiniz. Araba sahibi olmakla birlikte sosyal hayatınıza tat gelecekti. Ancak arkadaşınızın yaşadığı sıkıntıyı da görmezden gelemiyorsunuz. İki arada bir derede sıkışmış hissediyorsunuz. Bu durumda vereceğiniz karar ne olurdu?

a. Hiç düşünmeden arkadaşımın istediği kadar parayı bankadan çeker ona veririm.

b. Hesabımda onun işine yarayacak kadar param olmadığını söyler, başkasından borç arayacağımın sözünü vererek konudan uzaklaşırdım. Sonra da kimseden borç bulamadığımı söyleyip çok üzüldüğümü ifade ederdim.

c. Düşünmek için bana biraz zaman vermesini isterdim.

d. Ona borç veremeyeceğimi açıklardım. Birikimimin bir

amacı olduğunu söylerdim.

2. Yoğun bir hafta geçirdiniz. İşiniz zaten yeterince yorucu... Hafta sonu tatilini iple çektiniz. Üstelik zaten iki gün boyunca ayaklarınızı uzatıp yatamayacaksınız. Cumartesi gününü evinize ya da kişisel işlerinize ayırdınız. Belki biraz alışveriş, belki kişisel bakımınız, belki ailenizle küçücük de olsa kaliteli vakit geçirmeyi tercih ettiniz. Ama pazar gününüz tamamen size ait. Kimse o gün ne yapacağınıza karar veremez. Hem çok yorgunsunuz zaten. Bu bir güne öyle çok ihtiyacınız var ki, telefonunuz çalsın bile istemiyorsunuz. Hatta en iyisi "Telefonumu sessize alayım ki kimseyle konuşarak vakit kaybetmeyeyim, nasılsa ara sıra mesajlara bakarım" dediniz, öyle de yaptınız. Ama bir müdürünüz var ki sizi çok seviyor. Birlikte vakit geçirmeye bayılıyor. Pazar günü sizi açık havada keyifli bir yemeğe davet ediyor. Üstelik de sevdiğiniz insanlar bir arada olacak. Belki on defa aramış sizi... Telefon sessizde olduğu için duymadınız. Üzerine mesajlar atmaya başlamış. Israr üzerine ısrar... Dinlenmeden koskoca bir iş haftası daha geçirecek gücünüz olmadığını hissediyorsunuz. Müdürünüzün bu ısrarına da kızıyorsunuz içten içe. Düşüncesizlik ediyor aslında. Topu topu bir gününüz var zaten kendinize ayırdığınız. Diğer yandan müdürünüzle aranız bozulsun da istemiyorsunuz. Ne de olsa işyerinizde huzurlusunuz. Şimdi durup dururken müdürü geri çevirip bozmak doğru olmaz diye düşünüyorsunuz. O davete katılırsanız gergin, yorgun ve mutsuz olacağınızı hissettiğiniz halde davetin müdürden geliyor olması kafanızı karıştırıyor. Bu durumda kararınız ne olurdu?

a. Müdürümü geri çevirmez, davetini hemen kabul ederdim. Ne de olsa iş hayatımdaki huzurumu müdürümle çok iyi anlaşıyor olmama borçluyum.

b. Davete katılamayacağımı söylemek için hemen çağrılarına geri dönerdim. Bir akrabamın çok ağır hasta olduğu ve ailece onu ziyarete gitmemiz gerektiği yalanını söylerdim. Haftaya mutlaka geleceğimi ama şimdilik çok üzgün olduğumu ifade ederdim.

c. Daveti için çok teşekkür ederdim. Gelip gelmeyeceğim konusunda emin olamadığımı, evdeki işlerimin gidişatına göre olumlu ya da olumsuz ona geri döneceğimi söyleyip telefonu kapardım.

d. Çok yorucu bir hafta geçirdiğimi söyler, bu pazar gününü kesinlikle kendime ayırdığımı, dinlenmeye çok ihtiyacım olduğunu belirtir, göstereceği anlayışa teşekkür ederim.

3. Çok özel bir yemeğe katıldınız. Ne zamandır bu yemek davetini bekliyordunuz zaten. Belki eşinizle yıllar sonra baş başa kalacaksınız, belki ilgisini çok arzuladığınız kişiyle özel saatler geçiriyor olacaksınız. Ne olursa olsun kusursuz bir yemek hayaliyle gittiniz restorana. Sorun çıksın istemiyorsunuz. Gecenin mükemmel insanı olmaya kararlısınız. Tek gayeniz karşınızdakine huzur vermek... Tatlı sohbetinizle, yaşadığınız ve yaşattığınız keyifle aslında ne kadar vazgeçilmez, yeri doldurulamaz, özel bir insan olduğunuzu göstermek istiyorsunuz. Karşınızdaki insanda "Ben keyifli, olumlu, sorunsuz, şahane bir insanım" hissi yaratmayı arzuluyorsunuz. Belki kendinize bile bunu göstermek istiyorsunuz aslında. Öyle stresli günler gelip geçmiş ki hep sıkıntılı, sorunlu hissetmişsiniz. Bu halinizden sıkılmışsınız. Huzur veren bir insan olduğunuzu kendinize bile kanıtlama ihtiyacınız doğmuş. Dolayısıyla bu yemek her açıdan çok kıymetli sizin için... Mönüden bir yemek seçip sipariş ettiniz. Keyfiniz yerinde. Çok geçmeden söylediğiniz yemekler geldi. Her şey nefis görünüyor. Karşınızdaki insan yemeğe bayıldı. Sizinle olmaktan dolayı zaten çok mutlu... Fakat bir sorun var. Bu yemek tereyağı kokuyor ve siz tereyağlı bir yemek yiyemezsiniz. Kokusu midenizi bulandırıyor. Ne kadar aç da olsanız bu işkenceyi çekemezsiniz. Yemeği geri gönderip yenisini istemek geçiyor aklınızdan ama bu kez yine gecenin sıkıntılı, sorunlu, huysuz insanı siz olacaksınız. Huzur vermeyi arzularken, masayı gereksiz yere strese sokacaksınız. Garson kaprisinizi küçümseyecek içten içe... Karşınızdaki insanın da aslında hiç de sorunsuz biri olmadığınızı, keyifsizin teki olduğunuzu düşünecek endişesine kapıldınız. Ne kadar sevmeseniz de iki üç kaşık da olsa yemek daha doğru geliyor size. Bu durumda kararınız ne olurdu?

a. Yemeğin kokusunu duymamaya çalışır, üstelik çok da keyif alıyor gibi iştahla yerim.

b. Önden bir şeyler içmek istediğimi, yemeğimi birazdan yiyeceğimi, hatta bu yemeğe bayıldığımı söylerim. Küçük bir yalana başvuruyor olsam da en azından yemek konusunun probleme dönüşmesine izin vermem. Gecenin huzurlu insanı olmaya devam ederim.

c. Yemeğin kokusuyla ilgili problemim olduğunu, ancak bunun sorun olmayacağını söylerim. Tabağın önümde durmaya devam etmesini isterim. Yiyip yememeye sonra karar veririm.

d. Kim hakkımda ne düşünürse düşünsün kötü kokan bir yemeği yiyemeyeceğimi söyler, garsondan servisimi değiştirmesini rica ederim.

4. Ailenizi de akrabalarınızı da çok seviyorsunuz. Sıcacık, yakın ilişkileriniz var her biriyle... Yıllardır bütün sohbetlerde adını işittiğiniz, hakkında çok güzel sözler söylendiğine şahit olduğunuz bir de kuzeniniz varmış ama yurtdışında doğup büyüdüğü için bir araya gelmek hiç kısmet olmamış. Nihayet akrabalarıyla buluşmaya geliyor ve siz de herkesin çok sevdiği, gurur duyduğu bu tatlı insanı tanımak istiyorsunuz. Atlayıp gittiniz. Gerçekten de mükemmel bir kuzen çıktı karşınıza. Komik, şakacı, alçakgönüllü, bonkör, tatlı dilli biri... Kimseyi de unutmamış, herkese büyük küçük hediyeler getirmiş. Akrabalarıyla tanıştığı için çok mutlu olduğunu söylüyor. Bundan sonra sık sık bir araya gelmeyi teklif ediyor. Kesinlikle onunla her zaman görüşebileceğinizi düşünüyorsunuz. Ne var ki kuzen biraz yakından seviyor insanları. Davranışları halk arasında sıcakkanlı dediğimiz insanların davranışları gibi ama siz el şakalarından hoşlanmıyorsanız bazı tavırları sizi oldukça rahatsız edebiliyor. Bu kadar el kol şakaları yapmasa ve dokunarak sevmese daha iyi olacak gibi... "En azından bu yakın temasın bir sınırı olsa keşke" diye düşünüyorsunuz. Ama öylesine içten, medeni, iyi niyetli, tertemiz biri ki, size dokunmamasını söylediğinizde ona hakaret etmiş gibi olacaksınız kaygısına kapılıyorsunuz. Hem kimse onun bu çocukça, coşkulu ve sıcacık temasından rahatsız olmazken sizin yapacağınız küçücük bir uyarı bu güzelim aile ortamında soğuk rüzgârlar estirebilir. Herkesin keyfi kaçabilir. Kuzeniniz çok üzülebilir. Akrabalarınız sizi dışlayabilir, belki bir daha bir araya gelmek istemeyebilirler bile. Sizin fazla tepkili hatta art niyetli olduğunuzu düşünebilirler. "Sen kuzenine mesafeli olmasını nasıl söylersin, aklından neler geçiyor senin, bu ne saygısızlık!" diyebilirler, değil mi? Sanki ortada bir ahlaksızlık ya da art niyet varmış da siz dayanamayıp bunu ifade etmek zorunda kalmışsınız gibi... Ancak samimiyetiniz arttıkça kuzeninizin insanları dokunarak ve şakalaşarak sevmesi giderek antipatik bir hal almaya başlıyor sizin açınızdan... Bu durumda kararınız ne olurdu?

a. Tabii ki kuzenimi ve akrabalarımı üzmemek, ortamı germemek ve en önemlisi de hakaret ediyor gibi görünmemek için beni de herkesi sevdiği gibi sevmesine izin veririm.

b. Mümkün oldukça uzağında durmaya özen gösterir, her fırsatta bana dokunmasına engel olurum. Bana her yaklaştığında su içmem ya da lavaboya gitmem gerektiği gibi küçük yalanlar söyleyip uzaklaşmanın yolunu bulurum.

c. Kuzenimi çok sevdiğim halde, bundan sonra buluşmamaya çalışırım. Daha az görürüm ya da hiç görmem. Kendi mesafemi kendim koyarım.

d. Kuzenimden çok hoşlandığımı, onu her zaman görmek istediğimi ancak el kol şakalarının ve yerli yersiz yakın temasların bana kendimi iyi hissettirmediğini söyler, bunları yapmamasını rica ederim.

5. Aile meclisi toplandı ve bir karar verecek... Bu yıl hep birlikte tatil yapmak istiyorsunuz. Çünkü çok sevdiğiniz teyzeniz hasta ve zor günler geçiriyor. Kim bilir, bu belki de onun ailesiyle, sevdikleriyle birlikte yaptığı son tatili olacak. Ona hayatının en mutlu günlerini yaşatmak istiyorsunuz ve bu yüzden bir araya geldiniz. Çocukları, torunları, kardeşleri, yeğenleri hep bir arada olursa, eğlenceli zaman geçireceğini düşünüyorsunuz. Hastalığı açısından da ihtiyacı olan morali ona seve seve vermiş olacaksınız. Peki ama bu kadar kalabalık bir kadroyla nerede ve nasıl tatil yapılır? Üstelik huzurlu ve eğlenceli geçsin istiyorsunuz. Herkes memnun olsun ki, teyze de güzel günler geçirsin. Bunun üzerine hepinizin fikrine başvuruluyor. Kimi güneyde geniş bahçeli bir villa kiralamaktan yana, kimi "Hep birlikte tekneyle açılalım" diyor. Kimi otele yerleşmeyi teklif ediyor. Ama sizin çok daha iyi bir fikriniz var. Teyzenizi doğup büyüdüğü memleketine tatile götürmek istiyorsunuz. Bunun ona çok iyi geleceğine inanıyorsunuz ama iş daha masraflı ve zahmetli bir hal alacak o zaman. Hatta belki içlerinden bazıları gelemeyecek. Ayrıca teknede olmak istemiyorsunuz deniz tutuyor, kalabalık evde uyuyamadığınız da malum, kimse aynı saatte yatmıyor ki. Otelde de bir arada olmak mümkün değil... Herkes kendi odasında... Fikrinizi paylaştığınız an aile üyelerinin birbirine ters düşme ihtimali var. Bu durumda kararınız ne olurdu?

a. Önemli olan teyzemin son günlerini sevdikleriyle bir arada geçirmesi... Ağzımı bile açmam. Alınan karara saygı duyarım. Benim açımdan sıkıntılı ve zor bir tatil olur ama ziyanı yok.

b. Tatil için işyerinden henüz izin almadığımı söylerim. Bunun için elimden geleni yapacağım derim ve onların bir karar almasını beklerim. Kararlarına göre tatil süremi ya uzatırım ya da daha kısa tutarım.

c. İlle benim de fikrimi söylemem gerekiyorsa onların sunduğu alternatiflerden birini seçerim. Mesela beni deniz tuttuğu halde tekneyle açılmayı istediğimi söylerim. En azından benim de bir fikrim olmuş olur.

d. Fikrimi paylaşırım, bir tatil kararı alınırken benim kaygılarımın da dikkate alınmasını rica ederim.

6. Bayılıyorsunuz sosyete pazarından alışveriş yapmaya. Her şeyin en ucuzunu bulabiliyorsunuz, üstelik alternatif de çok... Tabii ki istediğinizi seçerken zorlandığınız anlar oluyordur. Tezgâhlar hem kalabalık hem de mağazadaki kadar düzenli değil. Size uygun olanını kendiniz bulmak zorunda kalıyorsunuzdur çoğu zaman. Hoşunuza giden bir terlik modeli çarptı gözünüze. Durdunuz tezgâhın başında. Ayak numaranıza göre bir tane seçtiniz ve diğer tekini de buldunuz nihayet. Parasını ödeyip eve geldiniz ama akşamüzeri fark ettiniz ki birinin numarası büyük diğerininki küçük. Hay Allah! Onca karmaşa ve düzensizlik içinde bütün bunlar mümkün olabilir tabii... Ne var ki pazara geri dönmek gözünüzde büyüyor. Belki bunun için çok yürümeniz gerekecek, belki de aracınıza atlayıp akşam trafiğine girmek zorundasınız. Hem terliğin fiyatı da ne ki? Bir kilo domatesten ucuz... Harcayacağınız emeğe, benzin parasına ya da taksiye değmez. Haftaya gidip değiştirmek geçiyor aklınızdan ama aynı tezgâhı yerinde bulamama ihtimali var, belki satıcı malın kendisine ait olmadığını söyleyecek... Bu da bir risk... "En iyisi terliklerin üzerine soğuk su içmek" diye düşünüyorsunuz. Kendinize kızıp durmaktansa terliğin beş katı para harcayıp değiştirmeyi göze alıyorsunuz ama bu da kârlı bir pazar alışverişi sayılmayacak ki... Bu durumda kararınız ne olurdu?

a. Terliklerin üzerine soğuk bir su içerim. Kesinlikle onca yolu ve masrafı üç kuruşluk terlik için göze almam. Astarı yüzünü geçer.

b. Terlikleri evde kullanırım. Yenisini daha sonra alırım.

c. Terliklere baktıkça sinirim bozulmasın diye hemen çöpe atarım ya da ihtiyacı olan birine veririm ki gözüm görmesin. Konuyu tamamen kapatırım.

d. Yanlış terlik aldığımı fark ettiğim an neye mal olursa olsun, gidip değiştirir, giymek istediğimi alır gelirim.

7. Arkadaş grubunuzu çok seviyorsunuz. Bir arada olmak sizi hem besliyor hem de dinlendiriyor. Üstelik birlikte sosyalleşmekten büyük keyif alıyorsunuz. Ne var ki içlerinden biri kafanızı karıştırıyor. Son buluşmanızda öyle bir söz işittiniz ki inanamıyorsunuz. Hakkındaki bütün fikirlerinizi sorgulamaya başladınız. Çünkü kulağınızla duydunuz ki sizinle buluşmak hayli işine geliyormuş, çünkü onun bütün hesaplarını siz ödüyorsunuz. Meğer yaptığınız bütün jestler onun çıkarını tatmin etmek anlamına geliyormuş. Kendinizi iyi hissetmiyor olmanız gayet doğal... Ancak bir karar vermeniz de gerekiyor. Bu çıkar dostluğundan tamamen uzaklaşmak istiyorsunuz. Konuyu diğer arkadaşlarınızla paylaşabilir, bir daha onunla aynı ortamda bulunmak istemediğinizi söyleyebilirsiniz. Fakat siz her ne anlatırsanız anlatın, diğer arkadaşlarınız onunla görüşmekten vazgeçmeyecek. Onların hiçbir sorunu yok çünkü... Dolayısıyla şu an vereceğiniz karar sadece bir kişiyle değil, çok sevdiğiniz sosyal ortamınızla da ilgili olacak. Bu durumda ne yaparsınız?

a. Hiçbir şey olmamış gibi görüşüp konuşmaya devam ederim. Onu çok sevdiğim için kaybetmek istemem ama daha dikkatli olmaya çalışırım. Hesabı ödeyecek paramın olmadığını söylerim mesela.

b. Sürekli bahaneler uydurup daha az görüşmeye çalışırım. Bir arada olmamaya dikkat ederim. Karşılaştığımızda ya da aradığında konuşurum ama içten içe bu arkadaşlık bitmiştir benim için.

c. Bu olayın beni çok etkilediğini söyler, arkadaşlığımızla ilgili hislerimin ve kararımın ne olduğundan emin olmadığımı açıklarım, karar vermek için zaman isterim.

d. Yaşadığımız sorunun benim açımdan nasıl göründüğünü açıklarım. Bunun arkadaşlığımızı etkilediğini söylerim. Hiçbir şey olmamış gibi devam edemeyeceğimi anlatırım.

Değerlendirme

A'lar çoğunluktaysa: Hayır diyebilme sanatı üzerinde özenle durmanız gerekiyor demektir. Kendi hayatınızın sahnesinde değilsiniz. Adeta bir kenara çekilmiş, yaşamınızla ilgili olan biteni izliyorsunuz. Sınırlarınızı belirlemeli, kendinizi iyi tanımalı, hatta kim olup olmadığınızı öğrenmelisiniz. Yaşamınızın ağırlık merkezinde sizin yerinize başkaları oturuyor. Kimlere neden hayır diyemediğinizin farkında olmanız çok önemli. Yaşam kaliteniz giderek düşüyor. Bir an evvel kendi özgürlük alanınızın sınırlarını çizmeli ve bu uğurda sağlam irade göstermelisiniz. Elinizdeki kitap bu konuda hayli işinize yarayacak gibi görünüyor.

B'ler çoğunluktaysa: Belli ki kendinizce küçük de olsa bir özgürlük alanı yaratmışsınız hayatınızda. Ancak sınırlarınızı korumak konusunda çok da özgüvenli değilsiniz ya da bunu nasıl yapabileceğiniz konusunda çekinceleriniz var. Sınırlarınızı ifade etmekte zorlanıyorsunuz. Kaybetme korkusu ya da yanlış anlaşılma kaygısı yaşıyor olabilirsiniz. Hayır dediğiniz halde onaylanıyor olmayı arzuluyor da olabilirsiniz. Oysa bu arzuyla iradenizi zincirlediğinizin farkında değilsiniz. Bu kitap özgürlük alanınızı genişletmeniz ve özgüvenle hem sınırlarınızı hem de ilişkilerinizi korumanız yönünde size rehberli edecektir.

C'ler çoğunluktaysa: Bir özgürlük alanınız var, şahane... Neyi yapıp neyi yapmamak istediğinizin farkındasınız. Kendinizi tanımak ve öğrenmek yolunda hızlı adımlar atacağınız belli. Bu konuda akıllıca fikirler üretip uygulayabileceğiniz de aşikâr. Ancak hayır derken kaybetmeyi göze aldığınız düşüncesine de kapılıyorsunuz çok zaman. Doğrudan sınırlarınızı ifade etmek, özgürlük alanınızı koruma hakkınızı kullanmak yerine üzerinde incelikli düşünmek, strateji kurmak ve hiçbir zarara ve kayba uğramadan mutlu ve huzurlu hissetmeye devam isteği içindesiniz. Bu konuda hangi davranışınızın doğru olup olmayacağı konusunda emin olamıyorsunuz. Bu kitap hakkınız olan özgürlük alanınızı korumak yolunda kaygılarınızın üstesinden nasıl gelebileceğiniz hakkında size yardımcı olacak gibi görünüyor.

D'ler çoğunluktaysa: Şurası muhakkak ki siz bir "Sayın Evet" değilsiniz. Belirlediğiniz sınırlar çerçevesinde özgür, huzurlu ve konforlu bir yaşam kalitesi yakalayabiliyorsunuz. Bu kitabın içinde seyahat etmek sizin için hem çok keyifli hem de işlevsel olacaktır. Zira sınırlarınızı korumayı değil, genişletmeyi deneyimliyor olacaksınız.

II. BÖLÜM

HAYIR DİYEMEYENLER KULÜBÜ

"Bu hayatın yarısı çok hızlı evet demekle, diğer yarısı da zamanında hayır diyememekle geçiyor."

Josh Billings

Aristoteles, insan yaşamının mülklerini üç sınıfa ayırır:

1. Bir kimsenin ne olduğu (kişiliği)
2. Bir kimsenin neye sahip olduğu (malı mülkü)
3. Bir kimsenin neyi temsil ettiği (başkalarının düşüncesinde nasıl bir imaja sahip olduğu)

Mutluluk-mutsuzluk, hayattan hoşnut olma çabası nefes aldığımız sürece sorguladığımız kavramlardır ki bu kavramları dış dünyamızda olup bitenler üzerinden sorgular ve anlamlandırmaya çalışırız. Dış dünyada olanlarsa bizim içdünyamızdaki olayları ve durumları değerlendirmemizle bir cevap bulur. Yani aslında olaylar dışarıda "olur" ama biz içimizde onlara birtakım anlamlar yükleriz ve kendimizce cevaplandırmış oluruz. Bir anlamda dışarıda olanlar içimize yansır ve hayatta peşine düştüğümüz soruları yanıtlamamız için gereken kapıları açarlar.

Jung'un dediği gibi de özetleyebiliriz aslında: "Yaşamımızdaki *dışsal* olayların tümü rastlantıdır. Bana her zaman böyle olmuştur. Bu, kaderin bir marifeti. Yalnız içimdekilerin bir niteliği ve kalıcı bir değeri oldu. Sonuçta dışsal olayların tümü silikleşti. Belki de zaten *dış* olaylar o kadar da önemli değillerdi

HAYIR DİYEMEYENLER KULÜBÜ

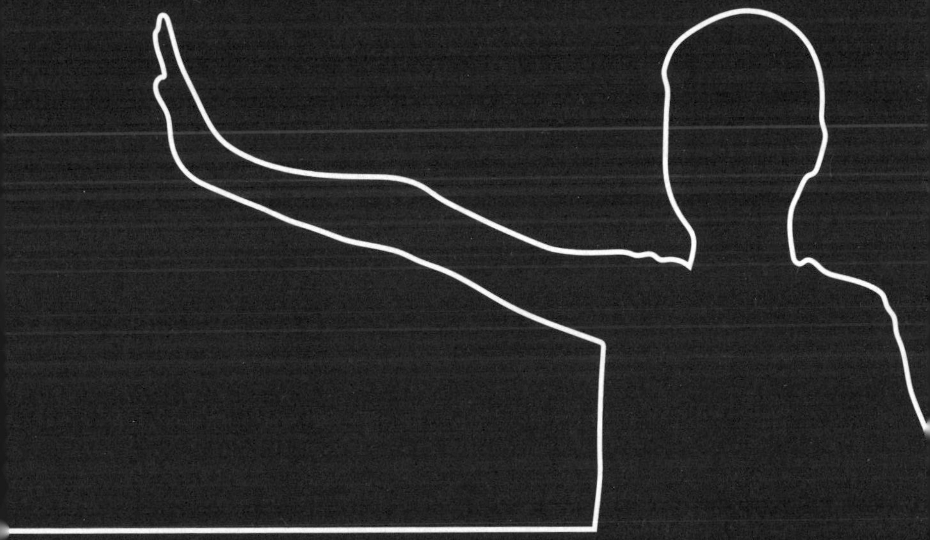

ya da içsel gelişmemin aşamalarıyla örtüştükleri oranda önemliydiler..."

Jung'un ifade ettiği gibi yalnızca içsel deneyimlerle bir şeyleri inşa edebiliriz. Dışarıda olan biten her şey zaten yok olacaktır. Bu kıymetli bakış açısı hayattan neyi almanız gerektiği konusunda da bizlere sunulan bir sihir gibidir adeta. Stoacı filozof Epiktetos, yüzlerce yıl öncesinden Jung'un ruhuna dokundu ve o kendi felsefesinde bu durumu şöyle özetledi: "İnsanları mutsuz eden şey olanlar değil, o olanlara yol açan prensiplerdir." Prensiplerimiz ve paradigmalar bir anlamda yaşam yazılımlarımızın bir parçası gibidir. Bir bilgisayar programının çalışma amacı bellidir. Word programında bir şeyler yazarsınız, video oynatıcı sadece görüntüleri izlemeniz için vardır. İnsanlar da içsel prensipleri doğrultusunda kendi eylemlerini gerçekleştirirler. Yazılım dediğimiz şey karakterimizse, prensiplerimiz bizim programlarımızın çalışmasını sağlayan komutlardır.

"Bizim elimizde olan tek şey, verilmiş olan kişiliği olabildiğince yararlı bir biçimde kullanmamız, yani sadece ona uygun çabalara girişmemiz ve o kişiliğe tam uygun bir eğitim türünü almaya çalışmamızdır; ayrıca başka türlerden kaçınmamız, yani bu kişiliğe uygun konumu, uğraşıyı ve yaşam biçimini seçmemizdir" der Schopenhauer, *Yaşam Bilgeliği Üzerine Aforizmalar* adlı eserinde.

Hayır demek hayata karşı güçlü bir duruş sergilemektir.

Zaman zaman hayır demek zor olabilir. Seçim yapmak gerektiğinde pek çok motivasyonla verilir kararlar. Seçim bir terazinin iki kefesi arasında gider gelir.

Sonuçların çoğunlukla lehte olması arzulanır. Ancak bazen durum kontrol edilemez bir noktaya varır ve seçimler asla kişinin kendi adına yapılmış olmaz.

Zihninizin bir radyoya benzediğini hayal edin, zaman zaman keyifle dinlediğiniz şarkının arasına karışan cızırtılar duyarsınız. Araya karışan bu cızırtılar başka yaşamların sizin frekansınızı kontrol etmeye yönelik davranış ve tutumları olabilir. İçten içe bu sesi kısmaya çalışırsınız ama bu kez de araya bambaşka sesler karışır. İşler kontrolden çıkarsa başka insanların sevdiği ama sizin dinlemekten hiç de keyif almadığınız şarkıları dinleyerek zaman geçirmek zorunda kalabilirsiniz.

Zihninizi esir alan düşünceler yaşamınızdaki hayırları çalar.

Hayır diyememenin hayata büyük yan etkileri vardır. Bu büyük yan etkiler hemen kendini hissettirmese de bir süre geçtikten sonra omuzlarınıza binebilir. Evet demek önceleri size kendinizi iyi hissettirebilir ancak ya evet dediğiniz şey aslında yapamayacağınız bir şeyse ne olacak?

Tabii ki içsel dengeler de sosyal dengeler de bozulacak hatta muhtemelen bir süre sonra işler içinden çıkılamaz bir hal alacak.

Nasıl mı?

Öncelikle hayır diyememenin yan etkileri üzerinde duralım.

Hayır diyememenin yan etkileri nelerdir?

1. İstemediğiniz şeyleri yaparak zaman kaybedersiniz.

2. Enerjiniz gereksiz alanlarda tükenmeye başlar.

3. Özsaygınızı yitirmeye başlarsınız.

4. Kendi elinizle kişisel sınırlarınızı ihlal edersiniz ki bu uzun vadede benlik sorununa bile dönüşür.

5. İletişim beceriniz körelir.

6. Kaygılı bir duygu-durumuna hapsolursunuz.

7. Gerçek bir yaşamdan uzaklaşırsınız.

8. Kendinizle kurduğunuz samimiyet sarsılır ve kendinize yabancılaşırsınız.

Bu tıpkı ağrınızı geçirmek için aldığınız ilacın bünyenizde yarattığı olumsuz etkilere yenik düşmeniz gibidir aslında.

Önemsiz Hayır Yoktur

"Çay sevmiyorum ama olsun. Bir tane alabilirim" demek uyumlu bir insan olduğunuz algısını destekler. Kabul...

Ne içeceği konusunda bile sorun çıkarmayan biri olarak yormayan, zorlamayan biri olarak sempati dahi yaratabilirsiniz.

"Ne tatlı bir insan bu" diye bile düşünebilirler hakkınızda.

Ancak olmadığınız biri gibi göründüğünüzün kendiniz bile farkında değilsinizdir o anda.

Bazen çay içen, bazen çay içmeyen biri olarak zaman içinde iletişim halinde olduğunuz ortamda flulaşmaya, giderek görünmez olmaya başlarsınız.

Garip değil mi?

Sadece "Hayır ben çay içmem" demediğiniz için bile olduğunuz halinizi ortaya koyamayarak, varlık ve benlik sınırlarınızı silikleştirerek bir süre sonra görünmeze dönüşürsünüz.

Peki, varlık ve benlik sınırlarınız silikleşmeye başladığında iş nereye varır?

Fikirleriniz önemini yitirir, düşüncelerinizi kabul ettirmek için vereceğiniz mücadele artar, ikna etme beceriniz düşer, güven vermediğiniz düşüncesiyle kendinizi sorgulamaya başlarsınız, kim olduğunuz hakkında içsel yüzleşmelerle çatışmak zorunda kalırsınız.

Neyi nasıl tercih edip etmediğiniz hakkında kendinize karşı bile net bir varlık koyamazsınız ortaya.

Dünyanın en basit sorusu gibi görünse de aslında gayet mühim bir seçim yöneltiyorum şu an size:

"Yumurtayı nasıl seversiniz?"

Çok mu basit?

Güzel...

O halde cevabınıza gelelim.

"Rafadan yerim."

"Omlet isterim."

"Kayısı kıvamında tercih ederim."

"Fark etmez..."

"Fark etmez" cevabı hayır diyemeyenlerin yedek cümlesidir.

Ne kadar çok kullanırsanız, o kadar yabancılaşmaya başlarsınız kendinize. Bir süre sonra bırakın ne istediğinizi söyleyip ne istemediğinizi açıklamayı, evde kahvaltı hazırlarken bile "Fark etmez. Öyle de yerim, böyle de..." sonucuna varırsınız ki bu varlık ve benlik sınırlarınızın artık iyice silikleşmeye başlamış olduğunun bir göstergesidir ve aslında acıklı bir sonuçtur.

Yumurtayı aslında nasıl sevdiğinizin bile farkında değilsiniz...

"Öyle de olur, böyle de, fark etmez..." cevabını sadece yumurta seçerken vermediğinizi, hayatınızın her alanında bu yaklaşıma sahip olduğunuzu hayal edin bakalım bir de.

"İstediğim ilişki bu değil ama fark etmez. Hiç yoktan iyidir."

"Evet dediğim bir işte çalışmıyorum, evet demek zorunda kaldığım işi yapıyorum ama fark etmez..."

"Borç vermek istemiyordum ama nasılsa borcunu öder. Şimdilik parasız kaldım ama fark etmez. İdare ederim."

"Bana istemediğim sözlerle hitap etti ama sonuçta niyeti kötü değildi. Hakkımda yanlış bir fikre sahip ama fark etmez."

"Eve erken dönmek istediğimi söyleyebilseydim keşke. Çok uykusuz kaldım ama fark etmez."

"Bu filme gitmek istemediğimi söyleyemedim ve üç saat can sıkıntısından öldüm. Hayır diyebilirdim ama fark etmez. Altı üstü bir film işte..."

"Birbirimiz için doğru insanlar olmadığımızı hissediyordum ama teklifine hayır diyemedim. Şimdi mutsuzum ve köşeye sıkışmış hissediyorum ama fark etmez... Nasılsa o beni seviyor."

Bu liste böylece uzar gider ve çok daha acıklı hallere hatta belki geri dönüşü olmayan sonuçlara bile ulaşır.

Varlık ve benlik sınırı, hayır diyebilen, ne istediğini ve ne istemediğini iyi bilenlerin inşa edebildiği, yaşam kalitesini arttıran güçlü ve özel bir alandır.

Daha Çok Sevilmek İçin Evet Diyenler, Sonunda Yalnız Kalırlar

Çoğu insan ait olduğu sosyal çevre, arkadaşları, iş yaptığı insanlar ve ailesi tarafından sevilmek ister. Başkalarının gözünde kibar, uyumlu, iyi niyetli biri olarak görülmeyi arzulayabilir.

Onların ilgisini, beğenisini, hakkındaki olumlu görüşünü yitirmemek için kendi gibi davranmaktan imtina edebilir. Yersiz fedakârlıklarda bulunabilir. Kendisine yöneltilen her talebi mümkün olduğunca karşılamaya çalışabilir hatta bunun için zorunlu bile hissedebilir.

İş giderek herkesi memnun etme çabasına bile dönüşür.

İşte onlar *Hayır Diyemeyenler Kulübü*'nün birer üyesidirler aslında. Varlık ve benlik sınırlarını kendi elleriyle ihlal ederek, flulaşmaya, hatta giderek buharlaşmaya, karakter erozyonuna sürüklenmeye başlamış olanlardır.

Siz de bu kulübün bir üyesi olabilir misiniz acaba?

Eğer yapmak istemediğiniz halde sürekli bir şeylere evet diyorsanız, kaybetme korkusuyla hayır demekten çekiniyorsanız, başkalarını mutlu etme çabanız abartılıysa, hayır dediğinizde kendinizi suçlu hissediyorsanız, sürekli uyumlu olmaya ve insanlara kendinizi sevdirmeye çalışıyorsanız, yapamayacağınız sorumlulukların altına gözünüzü kırpmadan giriyor ve sonrasında pişman oluyorsanız, kimsenin yapmak istemediği işleri yapmak zorunda kalıyorsanız, hayır demek sizin açınızdan kötü olmakla eşdeğerse, sınırlarınızı koruyamıyorsanız, fırsatları kaçırmaktan korkuyorsanız, tipik bir Hayır Diyemeyenler Kulübü üyesisiniz demektir.

Selam Sayın Evet!

Bu kitap yaşamınızın sorumluluğunu almanız, varlık ve benlik sınırları güçlü bir birey olmanın temel prensiplerine hâkim olarak, yaşam kalitenizi artırabilmeniz amacıyla yazıldı.

Muhtemelen çevrenizde sizden sürekli beklenti içinde olanların sayısı hiç de az değil... Çocuklarınız, arkadaşlarınız, sevgiliniz, eşiniz, iş arkadaşlarınız, patronunuz hatta bakkalınız, manavınız, kuaförünüz, berberiniz...

Herkes her an sizden bir şeyler isteme hakkını kendinde buluyor.

"Banka işlerini sen halleder misin sevgilim?"

"Evet..."

"Benim için hastane randevusu alabilir misin?"

"Evet..."

"Öğle paydosunda dışarıda yemek yiyelim mi?"

"Evet..."

"Bu akşamki yemekte beni yalnız bırakmazsın, muhakkak gelirsin değil mi?"

"Evet..."

"Benim için toplantı notlarını sen raporlaştırır mısın?"

"Evet..."

"Zor durumdasın ama bana biraz borç verebilir misin?"

"Evet..."

"Başka müşteriye randevu yazdık, siz bir saat daha erken gelir misiniz?"

"Evet..."

"Sana sormadan organize olduk ama hafta sonu aile kahvaltısında buluşur muyuz?"

"Evet..."

"Çilekli bulamadığım için alerjin olduğu halde sana çikolatalı dondurma aldım, yersin değil mi?"

"Evet..."

Ama sizin de kendiniz olmaya hakkınız var değil mi çok değerli Sayın Evet? Kendinize neler ettiğinizin farkında mısınız?

Bir Sayın Evet'e dönüşerek, zamanınızı, enerjinizi, kişiliğinizi, benliğinizi, karakterinizi, özgünlüğünüzü, varlığınızı, potansiyelinizi ne kadar da hoyratça kullandığınızı, yukarıda sıraladığımız sıradan diyalogların içinde bile rahatlıkla görebiliyor olmalısınız.

Hayatınızdaki insanları memnun etmeye çalışırken, aracınızın ön camı fazlasıyla kirlenmiş, görüş mesafeniz iyice azalmış olabilir.

Oysa hayır diyebilmek güçlü bir silecektir. Görüş alanınızı genişletir. Hayatınızı daha berrak görmenizi sağlar. Hayır kelimesini hayatınıza soktuğunuzda evetleriniz çoğalacaktır.

"Evet, daha mutluyum..."

"Evet daha iyi hissediyorum."

"Evet, daha kararlıyım..."

"Evet, kim olduğumu biliyorum."

"Evet, ne istediğimin de, ne istemediğimin de farkındayım..."

"Evet, saygı görüyorum."

"Evet, ifade becerim daha güçlü..."

"Evet daha sakin ve stressizim..."

Bu kitapla birlikte kısırlaşmış zararlı ilişkilerinizden özgürleşmeyi öğrenecek, tutunduğunuz yanlış kalıplardan kurtulmanın yollarıyla tanışacaksınız.

Hayır diyemediğinizde:

1. Kişisel sınırlarınız ihlal edilir.
2. Stres ve iş yükünüz artar.
3. Arkadaşlıklarınız, ilişkileriniz zarar görür.
4. Maddi kayıplar verirsiniz.

İstemediğiniz şeylere hayır demeyi öğrendiğinizde kendinizi keşfedersiniz. İşte o zaman başkalarının istediği kişi değil, tamamen kendiniz olursunuz. Hayır diyebilmek, sınırlarınızı belirlemenizi sağlar, kimse siz istemediğiniz sürece hayatınıza müdahale edemez, nerede durmaları gerektiğini bilirler. Çünkü siz bunu onlara zaten öğretmiş olursunuz. Hayatınızın her alanında daha sağlıklı, verimli, yaratıcı ve mutlu ilişkiler kurabilmeniz mümkün.

Hayır deme cesaretine zaten sahipsiniz. Kullanmayı öğrenin ki içinizdeki bu kas gelişip kuvvetlensin, deneyimlediğiniz olayların ve durumların olumlu, etkili ve verimli sonuçlarıyla bir an evvel tanışın. En önemlisi de zihninizdeki radyonun kumandasını ele geçirin artık. Frekansınızı bozan yabancı sinyaller araya karışarak ritminizi değiştirmesin. Başka kanalların yayın dalgaları hayatınızı işgal etmesin. İstediğiniz yaşam şarkısını özgürce dinleyin.

III. BÖLÜM

HAYIR DEMEK NEDEN ZORDUR?

"Hayır demek istiyorsan belki deme."

Paulo Coelho

Kendi hayatınızın dümenini elinizde tutabilmek hayır diyebilmekten geçer. Hayır diyemeyenlerin rotasını başkaları çizer.

Hayır diyememenin temelinde birtakım korkular yatar:

- Sevilmeme korkusu
- Kaybetme korkusu
- Reddedilme korkusu

Hayır demekten korkanların zihninde çoğunlukla şu kaygılar oluşur:

- Hayır dersem beni sevmeye devam ederler mi?
- Nasıl hayır diyeceğim?
- Hayır demek beni bencil biri mi yapar?
- Ya birini üzersem ya da kaybedersem?
- Benden sürekli bir şeyler isteyen birine ne demeliyim?
- İnsanların benden sevgi, zaman, para, yardım taleplerini her zaman yerine mi getirmeliyim? Hayır dersem kötü bir insan mı olurum?

Bu sorular seçim yaptığımız noktada bir yerimizden bizi yakalar. Suçluluk, vicdan azabı, korku, kaygı, üzüntü, tepkisizlik,

HAYIR DEMEK NEDEN ZORDUR?

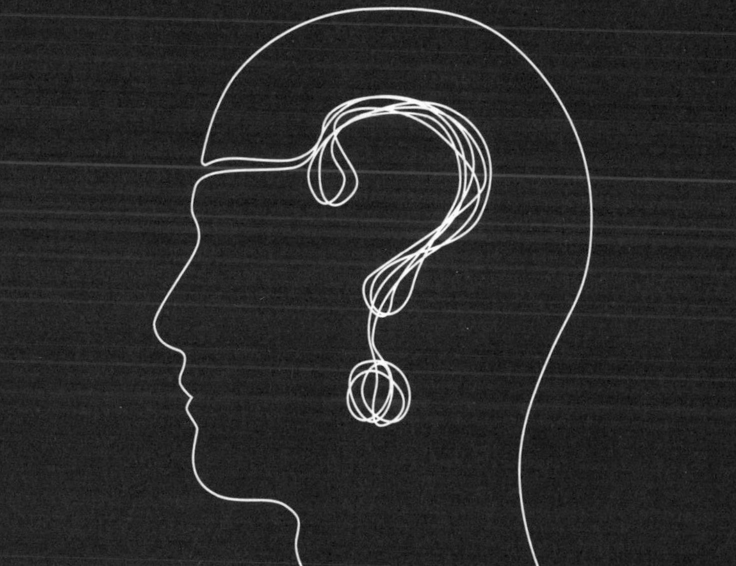

pişmanlık gibi pek çok duygunun esaretine gireriz. Durumlarla ve tecrübelerimizle edindiğimiz birtakım yanlış örüntülere saplanıp kalmış olabiliriz. Bu yanlış örüntüler algı düzeneklerimizi oluştururlar ve dünyaya yeni algı biçimimizle bakmaya başlarız.

Tıpkı güneş gözlüğü takmak gibi... Güneş gözlüğünüz gözünüzdeyken dünya sizin için artık başka bir renktedir.

Algı düzeneklerine kısaca "paradigma" diyebiliriz. Paradigma Yunanca "paradeigma" kelimesinden gelir. Bireyin iç ve dış dünyasını (kendisini ve etrafını) yorumlama, algılama ve bilme süreçleriyle ilgili tüm etkenlerin yarattığı örgütlü ve dinamik düşünsel sistem olarak tanımlanabilir. *Etkili İnsanların Yedi Alışkanlığı* isimli kitapta Stephen Covey paradigma değişiminin önemini özellikle vurgular ve ekler:

"Hayatımızda nispeten önemsiz değişiklikler yapmak istiyorsak, dikkatimizi uygun bir biçimde tutum ve davranışlarımıza verebiliriz. Ancak çok önemli, büyük bir değişiklik yapmak istiyorsak, o zaman temel paradigmalarımız üzerinde çalışmamız gerekir. Thoreau'nun dediği gibi: 'Kötülüğün yapraklarını kesen her bin kişiye karşılık, ancak bir kişi köküne saldırır.' Biz de yaşantımızda çok önemli değişiklikler yapmak istiyorsak, o zaman tutum ve davranışlarımızın yapraklarını kesmekten vazgeçerek kökler üzerinde, yani, tutum ve davranışlarımızın kaynağı olan paradigmalar üzerinde çalışmalıyız."

Pek çok karakter özelliğimizi henüz çocukken ediniriz. Sert anne baba tutumları altında büyüyen çocuklar kendilerini onlara sevdirmek için yaşadıkları kırılgan duyguları yetişkinlik dönemine de taşır. Ailesi tarafından terk edileceği korkusunu sürekli içinde taşıyan bir çocuğun ileriki yaşlarda deneyimleyeceği her türlü ilişkide bu çocukluk korkusunun yansımalarını yaşaması muhtemeldir.

Çünkü temelde en büyük ihtiyacı olan anne baba bakımı ve sevgisinden kopmak, uzaklaşmak, hayattaki en büyük travmalardan biridir...

Aileler uyguladığı çeşitli kurallarla çocuklarını büyütürken çeşitli yöntemler kullanır. Küçük bir çocukken ısrarla dondurma yeme isteğimize itiraz edildiğinde ya gözümüz korkutulur ya da cezalandırılırız. Tüm bu uygulamalar ve itirazlar çocuk zihnimizde karışıklığa yol açar. Aslında özellikle ergenlikte bir kendini kanıtlama göstergesi olan hayır deme ihtiyacı sevgi kaybı ve suçlulukla birbirine girer. "Eğer bunu yapmazsam annem bana kızar" ya da "Eğer öyle davranmazsam bir daha sevilmem" veya "Yalnız kalmamak için asla itiraz etmemeliyim" cümleleri artık her zaman elinizin altında bulundurduğunuz şablonlar haline gelir. Ve siz bundan sonra yaşadığınız her deneyim ve iletişimi bu şablonlar üzerinden çözmeye, okumaya başlarsınız.

Hayır dediğinizde "Kötü şeyler olur, birileri beni terk eder, yalnız bırakılırım" kaygısına saplanıp kaldıysanız elinizdeki hesap makinesiyle hayatınız boyunca yanlış işlemler yapıp duracaksınız demektir.

Dünyaya gelen her bebeğin tertemiz bir duygusal sistemi vardır. Bebekler "iyi" ya da "kötü" değildir. Saf halde ve özgürdür sadece... Zamanla emeklemeye ve adım atmaya başlar. İçinde yaşadığı dünyayı keşfetmeye ve öğrenmeye hazırlanır. Meraklı doğası bu keşif yolculuğuna çıktıktan sonra etrafını birtakım kurallar ve yaptırımlar sarmaya başlar. Aslında yeterince özgür olmadığıyla yüzleşir. Etrafında bir itiraz mekanizması gelişir. Üstelik bu mekanizmanın, konfor alanıyla ve güvenlik sistemiyle ne kadar da ilgili olduğunu öğrenir. Etrafındakileri taklit ederek, direktiflerini dinleyerek nasıl davranması gerektiğini, neyi yapıp yapmaması lazım geldiğini, nelerden uzak durması gerektiğini öğrenir.

Bazı davranışları kabul görmez ve sürekli hayır sesi işitmeye başlar:

"Hayır, oraya gitme!"
"Hayır, onları ellemek yok!"
"Hayır, yemekten önce meyve olmaz!"
"Hayır, başkasına vuramazsın!"
"Hayır, oyun bitti, uyku zamanı!"
"Hayır, oyuncaklarını kıramazsın!"
"Hayır, kaşık öyle tutulmaz!"
"Hayır, bunu söylemek çok ayıp!"
"Hayır, kablolara dokunamazsın!"
"Hayır, bıçağı sana veremem!"
"Hayır, kapıyı açıp çıkamazsın!"

Kabul... Bu cümleler çoğunlukla çocuğu tehlikelerden korumaya yönelik...

Ne var ki çocuk büyüdükçe işittiği hayırlar farklı anlamlar ve işlevler de yüklenmeye başlar. Böylece seçim yapma ihtiyacı doğar.

Bazı insanlardan güven ve sevgi beklediği için seçimleri değişir, bazılarından korktuğu ve çekindiği için seçimlerini gözden geçirir.

Bazı davranışlarının, tutumlarının ve sözlerinin başkalarında çeşitli duygular yarattığını keşfeder, ihtiyaç duyduğu duygulara göre bir davranış ya da tutum seçiminde bulunur.

Hangi davranışının nerede ne işe yarayacağını, hangi davranışının nerede ne işe yaramayacağını görmeye başlamıştır.

Artık etrafındakilerin yüzüne bakar ve hepsinde bir şeyler arar.

"Annemin sözünü dinlersem bana aferin der."

"Sofrayı kaldırmaya yardım edersem beni alkışlarlar."

"Ağlarsam çok kızarlar ama dediğimi yaparlar."

"Oyuncağımı fırlatırsam dikkatlerini çekerim."

"Ödevlerimi yaparsam ödüllendirilirim."

Çocuk giderek birtakım paternlerin (davranış kalıplarının) boyunduruğu altına girer ve bebekliğindeki gibi doğasına göre değil, etrafına göre tutum ve davranışlarını değiştirir. Yani dışarıyı yönetmek için içerideki seçimleriyle oynar.

Büyüdükçe işler daha da sarpa sarar.

Okul, toplum, sosyal çevre derken paternlerin baskısı da artar.

"Okulda bu bölümü seçersem annem daha mutlu olur."

"Bilgisayarı kapatıp yatağa girmezsem babam delirir."

"Yemek masasına oturmazsam kavga çıkar."

"Yaz okuluna gitmek istemediğimi söylersem aile birbirine girer."

"Arkadaşlarımla tatile çıkmak istediğimi söylersem, harçlığımı keserler."

Genç bir birey olarak, etrafına göre yaşamayı, etrafına göre şekillenmeyi, birtakım kültürel ve toplumsal kalıplarla yaşamaya alışmak zorunda olduğunu öğrenir. Bütün bunlar arasında sağlıklı bir denge kurmaya çalışır.

Bunca kalıp karşısında kendi varlık ve benlik sınırlarını korumanın bir yolunu bulma çabasına ya girer ya da girmez.

Artık bir yetişkin olduğunda varlık ve benlik sınırlarına duyduğu ihtiyaç daha da artar. Yapacağı ya da yapmayacağı her seçimin bütün bir hayatına mal olabileceğini bilir. Ancak çocukluğundan beri kişisel sınırları tanınmamış, özel alanına saygı gösterilmemiş, kaybetme ve reddedilme korkularına yenilerek kendini ortaya koyamamış, sorunlardan kaçınmaya çalışıp her talebi kendine görev edinmiş, fedakârlığı bedeninin bir refleksine dönüştürmüş hangi birey, hayır demeyi becerebilir ki? Neyi neden seçip seçmeyeceğine nasıl karar verebilir? Kendini ne kadar tanıyordur ki ne istediğinden ya da istemediğinden emin olabilsin?

"Babamın hayallerini yıkmamak için onun istediği mesleği seçtim."

"Anneme hayır diyemediğim için bu evliliği yaptım."

"Yalnız kalmaktan korktuğum için her dediğine evet dedim."

"Reddederse rezil olurum diye düşünüp istediğim şeyi söyleyemedim. Onun istediğini kabul ettim."

"Hayır diyemediğim için sürekli buluşuyor ve kendime ait zamanlardan fedakârlık yapıyorum"

"Hayır diyemediğim için çok korktuğum halde motosiklete bindim."

"Üzülmesin diye istediği alışverişi yaptım."

"Kızar diye korktuğum için film bitmeden sinemadan çıktım."

Böylece hayat, dört bir yandan kuşatılmış bir hal alır işte.

"Onu dersem üzülür mü?"

"Bunu yaparsam onu kaybeder miyim?"

"Hayır dersem gider mi?"

"Kabul etmezsem beni sevmekten vazgeçer mi?"

Bütün bu korkular ve kaygılar, davranışlara da seçimlere de yön vermeye başlar. Kişinin bunca anksiyete arasında kaybolması elbette an meselesi. Büyük bir kaygılar silsilesi içinde bireyin kendi varlık ve benlik sınırlarının farkında olması, ne istediğini ve ne istemediğini bilmesi, yapacaklarının ve yapmayacaklarının ayrımına varması aslında ne kadar mühim değil mi?

Dışarıya şekil vermek için içerideki şekli bozmanın bedeli ağırdır.

Kendimizi özgürce ifade edebilme ve kendimiz olabilme becerimizi karanlığa hapsettiğimizde, yaşamın fazlasıyla uzağına düşeriz.

"Ben" demek egoyla barışmaktır ki insan ne kadar "ben" diyebiliyorsa yaşam içinde o kadar görülür ve fark edilir.

Bencillikle benlik bilincine sahip olmak aynı şey değildir elbette.

Bencil insan "Ben mantı yemek istiyorum, o halde hep beraber mantıcıya gidiyoruz" der.

Benlik bilincine sahip bir insansa "Ben mantı yemek istiyorum, siz ne yemek istiyorsanız onu yiyin. O zaman mutfağı zengin bir yere gidelim" der.

Ayrıca varlık ve benlik sınırlarını korumak, başkalarını mutlu etmekten kaçınmak gerektiği anlamına gelmez.

İkisi arasındaki ince çizginin farkında olmak çok önemli...

Sevgilinizi mutlu etmek için ona sürpriz bir hediye almanızla, hiç istemediğiniz halde onun tavırlarına ayak uydurmanız, onun istediği gibi davranmanız aynı şey olabilir mi? Sevgiliniz mutlu olsun diye kişiliğinizden ödün vermeniz, kişisel sınırlarınızın ihlal edilmesi demek değil mi?

Gönlünüzden geldiği için sokak hayvanlarına maaşınızı yatırmanızla, terk edilmekten korktuğunuz için birine yüklü miktarda borç vermeyi kabul etmeniz aynı şey olabilir mi?

"Uyumlu ol..."
"Kalp kırma..."
"Kimseyi geri çevirme..."
"İyilik yap..."
"Eşinin sözünden çıkma..."
"Kibar davran..."
"Evet de..."
"Zarif ol..."
"Sorun çıkarma..."
"Boş yere kimseyi üzme."
"Yapabiliyorsan yap..."

Bütün bunlar çocukluktan itibaren dikte ettirilen davranış kalıplarıdır çoğunlukla.

Oysa her biri farklı karakterlerde farklı tezahür eden ve farklı sonuçlara yol açan davranış şekilleri.

Zarafet herkesin her dediğini yapmak mıdır?

Kibarlık istemediğiniz halde ister görünüp kabul göstermek midir?

Reddetmek birini üzmek midir?

İstemediğiniz bir şeyi yapmaktan imtina etmek kalp kırmak mıdır?

Bir şeyi yapmamayı seçmek, sorun çıkarmak mıdır?

Her talebe karşılık vermemek uyumsuzluk mudur?

Bütün bunların üzerinde etraflıca durup düşünmenizde fayda var elbette.

Toplum Neden Evet Diyeni Sever?

Aile ve sosyal paternlerin bebek, çocuk, genç ve yetişkin dönemlerinde bir bireyin yaşamında ne gibi kalıplarla sınırladığından önceki bölümde söz etmiştik.

Gelelim toplumsal ve kültürel paternlere...

Aslında ne çok paternle, adım adım kendimizden uzaklaştığımızın da küçük bir yüzleşmesi sayılabilir bu konu...

Hayatımız boyunca, dışarıyı memnun etmeye yönelik inşa edilen birtakım kalıplarla peydergey varlık bilincimizden, benlik sınırlarımızdan, özgünlüğümüzden, kişilik yapımızdan uzaklaştırılıyoruz.

Aradaki hassas denge yakalanamadığında bir dolu psikolojik ve psikiyatrik rahatsızlıklardan söz edecek noktaya varıyoruz sonunda.

Depresyon, bağımlılık, panik, endişe, kaygı bozukluğu, stres, anksiyete ve daha bir dolu psikolojik sorunlar ve suçluluk duygusu çağımız insanının savaştığı rahatsızlıklar.

Varlık ve benlik sınırlarını koruyamayan bireyin, aile, toplum, sosyal çevre ve kültürel paternlerin yanı sıra teknoloji, hız, sosyal medya ve dijital dünyayla birlikte maruz kaldığı türlü çeşitli yeni kalıplar, benlik sınırlarının yeniden masaya yatırılmasını zorunlu kılıyor adeta.

Daha çok beğenilmek, daha çok görünmek, daha çok fark edilmek, daha yoğun takip edilmek uğruna aslında hiç yapmayacağınız ne çok şeye evet demek zorunda hissettiğinizi de gözden geçirmeniz fena olmaz. Kültürel paternlerimiz arasında çocukluğumuzdan beri hangi kalıpları öğrendiğimizi düşünelim mesela.

"Büyüklere hayır denmez."

"Sürekli kendini anlatıp durma, ayıptır."

"İkram edilen hiçbir şey geri çevrilmez."

"Tok da olsan misafir sofrasına oturursun."

"İyi bir bölümde oku ki, ileride para kazan."

"Düzgün bir iş bul."

"Okulu bitirince evlen."

"Paranı biriktir bir ev ve araba al."

"Çok gecikmeden çocuk sahibi ol."

Kısacası sisteme uy!

Kültürümüz bunu gerektirir. Misafirperver bir geleneğin evlatları önce ve sadece başkalarını memnun ve mutlu eder.

Kendi yer yatağında yatar, misafirini kuştüyü yataklarda uyutur. Kendi aç uyur, yemeği misafirinin tabağına döker. Başkasına ayıp olmasın diye çiğ tavuk bile yer.

Oysa kendi canı ne ister, neyi sever, neyi sevmez, neyi tercih eder, neyi etmez, neden hoşlanır, neden hoşlanmaz kendi bile bilmez.

Kültürel olarak başkasına hayır demenin ayıp olduğu bilinciyle yetiştirilmiş bir toplumun evlatları olarak, kişisel sınırlarımız ve haklarımızı korumamız konusunda çok da becerikli olmadığımızı söyleyebiliriz aslında.

Özetleyecek olursak, içinde yaşadığımız toplum, hayır demenin kötü ve ayıplanacak bir tutum olduğunu öğretmiştir bize. Hatta reddetmek, geri çevirmek hiç de hoş olmayan şımarıkça bir davranış gibi de görülür çoğu zaman.

"Bunu çok şımarık yetiştirmişler, saygısı yok, burnunun dikine gidiyor!" sözleriyle eleştirilmiş çok torun torba vardır bu kültürel coğrafyada muhakkak.

Çocukluktan itibaren aşılanan bu davranış modelleri ve kurallar, yetişkinlik döneminde bireyin kişiliğinin bir parçasına dönüşür adeta.

Bu davranış kalıplarının varlık ve benlik sınırlarını ne derece ihlal ettiğini görmek çok da kolay değildir şüphesiz. Çocukluktan beri öğrenilmiş kalıplar, çoğunlukla doğru kabul edilir ve sorgulama ihtiyacı hissedilmez. Oysa her toplum kendi kültürel ve sosyal kalıplarının kolayca kabul edilmesini ve hepsine sorgusuzca evet denmesini bekler.

Üstelik yaşadığımız toplumda kişisel sınırlarımızın hayli geçirgen olmasından dolayı pek çok zorlayıcı evetle karşılaşırız.

"Büyüklerine hayır deme."

"İkramları geri çevirme."

"Tok da olsan sofraya otur."

"Okulunu bitir."

"İyi bir iş bul."

"Düzgün biriyle evlen."

"Paranı biriktir bir ev ve araba al."

"Çok gecikmeden çocuk sahibi ol."

Bu listede gerçekleştirirken çok zorlandığınız, büyük çaba gösterdiğiniz bir madde var mı mesela?

Aslında kendinizi evliliğe çok hazır hissetmiyorsunuzdur ya da belki hayatınızın aşkı henüz karşınıza çıkmamıştır ama yaşınızın geldiğini düşünüp, en azından çok da gecikmeden bir çocuk sahibi olabilmek için evlenmeyi düşünmek zorunda kaldınız mı?

Kariyerinizde hızla ilerlemek varken, sırf anneniz babanız ölmeden evvel torun sevmek istediği için planlarınızı değiştirmiş olabilir misiniz?

Belki paranızı biriktiriyorsunuz ama amacınız bir ev ve araba sahibi olmak değil... Hatta uygun bir dairede kiracısınız halihazırda. Gelir gider dengeniz de yerinde. Şimdi durup dururken kredi borcu çekmek ve ağır bir maddi ödeme planı altına girip kendinizi strese ve sıkıntıya sokmak istemiyorsunuz ama böyle dayatıldığı için "Ne yapalım, herkesin beklentisi benim bir ev sahibi olmam. Bunun için elimizi taşın altına sokup, bir süre dişimizi sıkacağız işte" dediniz mi?

Bir tanesine bile verdiğiniz cevap evet ise, tatlı tatlı, hiç hissettirmeden siz de bir Sayın Evet'e dönüşmüşsünüz demektir bu.

Ama insan zihni çok kurnazdır dikkatli olun.

Bütün bunları tamamen özgür iradenizle kendiniz seçmiş ve kendiniz yapmışsınız gibi düşünmeniz konusunda gayet ikna edicidir.

"Belki âşık olmadım ama sonuçta sevdiğim, düzgün bir insanla evlendim, en azından çocuklarım var. İstesem çocuk sahibi olmazdım."

"Hayalimdeki işi yapamadım belki ama sonuçta kazandığım yeri okudum. Memlekette kim istediği işi yapıyor ki zaten? İstesem hayalimdeki işi yapardım bir şekilde..."

"Yıllarca kredi borcu ödedim, kirada oturduğum ev kadar iyi olmasa da sonuçta kendi evim oldu. İstesem kredi çekmezdim."

"Hayatımı yaşayamadım ama sonunda annemle babama ölmeden evvel torun sevgisi yaşattım çok şükür. İstesem evlenmezdim."

"Gece gündüz çalışıp kazandım ama büyüklerimiz öyle uygun gördüğü için kazancımı kardeşlerime pay ettim. Hepsinin hayatını kurtardım sonuçta, paramı sokağa atmadım ki hepsi benim ailem... İstesem vermezdim."

Ama aslında hepsini istediniz yani öyle mi?

O halde dünyanın en mutlu insanı olmalısınız.

Kaliteli bir hayatınız var, ne isteyip ne istemediğinizi gayet iyi biliyorsunuz, kimse size istemediğiniz hiçbir şeyi yaptıramıyor.

Şahane...

Yine de bu cümlelerin içinde istediğiniz şeyle yaşadığınız şeyin aynı olmadığına dikkatle bakınız ve görünüz lütfen.

Toplumun dayattıklarına maruz mu kaldınız, yoksa kendi seçimlerinizi kendiniz mi yaptınız? Kim bilir belki de yapmak zorunda kaldığınız seçimlerinizle barışmayı öğrettiniz kendinize.

Peki bütün bunlar niye oldu?

Hayır demeye cesaret edemediğiniz için.

Çoğunlukla da neyin sizin adınıza doğru ya da yanlış olduğuna karar veremediğiniz için.

Kendinizden öylesine uzaklaşmışsınız ki, yumurtayı bile nasıl sevdiğinizden emin değilken ve çok zaman "Fark etmez" diyerek her sonuca tahammül gösterirken, hayati kararlarınızda kendinizden ne kadar emin olabilirsiniz ki?

İnandığınız şeyler istediğiniz şeyler olmayabilir. Can acıtıcı da olsa bu itirafı yapabilecek cesareti gösterin. Kendinize karşı dürüst olun.

Psikoloji bilimine kültür kavramını sokan ilk isim Adler olmuştur. O Freud'un aksine bireyi çevreden soyutlayarak tek başına ele almamış, kişinin ruhsal gelişiminin temelinde çevresel etkilerin olduğunu savunmuştur. Ona göre psikolojik süreçler, kültürel normlara ve yaşayış tarzına göre yorumlanır. Yapılan bazı çalışmalar her dinin ve topluluğun ruh sağlığı üzerinde farklı tanımlamalar yaptığını ve insanların da bu tanımlamalar doğrultusunda kendi değer yargılarını geliştirdiklerini göstermekte. Örneğin Çin kültüründe, aile kavramının önemli bir yer kaplamasının bireyin psikolojik süreçlerinin gelişimini büyük ölçüde etkilediği görülmektedir. Batı'ya bakıldığında daha bireyci olan bir toplumla karşılaşırız. Toplum ve kültürel yaşayışın insanlar üzerinde yarattığı etkilerin çok net bir şekilde farklılaştığını gösteren çalışmalar mevcuttur. Özetle kültür ve toplum insan psikolojisinin ayrılmaz bir parçasıdır.

Kültür ve toplum, insanın zihnini, bilincini ve ruhsal tarafını etkiler ve dönüştürür. Kültürel psikoloji bilimi de bu değişim ve dönüşümü inceler aslında. Kişinin benliğini, duygularını, kimliğini içinde yaşadığı kültür ve çevreyle ele alır.

Sınırlar konusuna geri dönersek, sınırların belirginleşmesinde ya da silinmesinde şüphesiz bu parametrelerden uzaklaşmadan çıkarımlar yapmak durumu daha net ortaya koyabilmek adına önemlidir. Çünkü insanın kültürel ve sosyal kodlarını anlamadan hayata nasıl baktığını, kendini nasıl ifade ettiğini anlamak da mümkün değildir.

Kültür ve toplum etkileri bir yana insan doğası karmaşıktır.

Heraklitos'un meşhur "Her şey akar" sözü, insanın tabiatına da bir göndermedir.

İnsan her an değişir ve gelişir. Duygusal ve ruhsal dünyası da aynı şekilde...

Dolayısıyla "Nasıl gelmişse öyle gider" diyemeyiz.

Değişim ve gelişim insanın doğasında var.

Paternlerle kuşatılarak, varlık ve benlik sınırlarımızı peyderpey yitirerek büyüdük diye doğamızdan da kopmuş sayılmayız ama değil mi?

Unutmayın ki her şey akar...

Hiçbir şey köklü ve kalıcı değildir. Paternlerin esareti bile... İnsan gelişmeye ve büyümeye her daim devam eder.

Hayır Demek Ne Hissettirir?

Suçluluk, eleştirilme, yalnız bırakılma, terk edilme, vicdan azabı, korku, suçluluk, utanma, mahcubiyet, öfke hissediyorsanız siz hâlâ bir Sayın Evet'siniz demektir.

Çünkü hayır demek, özgüven, rahatlık, hoşluk, eminlik, huzur, sükûnet, şefkat hissettirir.

İnsanın kendi varlık ve benlik sınırına sahip çıkması, koruması ve saygı duyması kişisel alanına ve yaşamına gösterdiği saygı ve şefkattir. Kendine karşı saygılı ve şefkatli bir birey, başkaları tarafından da olduğu gibi görülür ve kabul edilir.

Hayır diyememek öfkeye yol açar. Kendi eliyle kendi varlık ve benlik sınırını ihlal etmiş bir birey, kendine saygısızlık ve haksızlık ettiği için vicdanen rahat değildir ve öfkeyle doludur. Olmak istediği kişi olamamış, olmak istemediği biri gibi davranmak zorunda kalmış, özgüven ve kararlılık gösterememediği için suçluluk ve mahcubiyet hissediyordur. Kendiyle bu denli kavgalıyken, başkasından saygı ve şefkat görmesi mümkün değildir.

Hayır Demenin Bedeli Nedir?

Hayır dediğiniz her noktada hayat resminizi sağlam bir çerçevenin içine almış olursunuz. Hayırlarınız hayat çerçevenizdir. Çerçevesiz bir hayatsa dağılmaya meyillidir.

Sağa sola, aşağı yukarı... Ne yana çekilirse o yana giden amaçsız bir kayık gibidir. Amaçsızca sağa sola savrulmadan, hedeflenen limana varmanın yolu küreklere asılmaktır. Ne tarafa gideceğinize ancak siz karar verirsiniz. Hayatı güzel ve iyi yönleriyle yaşama çabanız küreklere asılma çabanız gibi vazgeçilmez olmalıdır. Nasıl ki küreklere asılmaktan vazgeçtiğiniz an okyanusta bir bilinmeze sürüklenmeye başlarsınız, işte tıpkı bunun gibi hayatı iyi ve güzel yönüyle yaşama çabanızdan caydığınız an, sonsuz bir bilinmezlik ve başıboşluk kendini gösterir.

Artık akıntı nereye sürüklerse kaderiniz oraya gitmeye mahkûmdur. Kendi yaşamınız üzerinde kendi iradenizin tek kelime hakkı yoktur. Belki bir buzdağına sürükleniyorsunuzdur belki bir girdaba...

Hayır dememize alışkın olmayanların tepkisini çekmemiz normaldir. Hayatı kendi istedikleri ölçüde şekillendirmek konusunda takıntılı ya da bencil olanlar, hayır sözünü işitmek istemeyecektir kuşkusuz. Hayır kelimesine tahammülü olmayan insanlar karakterlerinde taşıdıkları bazı özelliklerin yanı sıra bazı kişilik bozukluklarına da sahip olabilirler. Belki de hayır kelimesini kullandığınızda sizi en zorlayan insanlar da bu tiptekilerdir. Hayır demenin bedelini bu insanlarla olan ilişkilerinizde daha ağır ödemek zorunda kalabilirsiniz.

Örneğin narsisler hayır sözünden hiç hoşlanmazlar.

Reddettiğinizde, sınırlarınızı çizdiğinizde, her an ve sürekli şekilde birinin isteğini yerine getirmeyi görev bilmediğinizi ifade ettiğinizde, bazı şeyleri yapamayacağınızı açıkladığınızda, kişisel tercihlerinize saygı duyulmasını beklediğinizde tepki alıyorsanız bilin ki karşınızda ya bir narsis ya da narsistik kişilik özelliğine sahip biri var.

Narsisler, hayır demek konusunda sanatkârdırlar. Ancak hayırı duyma konusunda aynı sanatkârlık becerisinden uzaklaşırlar.

İstemedikleri takdirde suyu bir damlacık bile fazladan içmezler.

Kimse için hiçbir şeylerini feda etmezler. Bir dakikaları bile fazlasıyla kıymetlidir. İhtiyacınız olsa bile planlarını bozmak uğruna uzun uzadıya dert dinlemezler.

Dünya etraflarında dönüyordur.

İtaatkâr, uyumlu, yumuşak, şefkatli ve fedakâr insanlarla çok güzel anlaşırlar. Başkalarının sınırlarını ihlal etmekte oldukça fütursuzdurlar.

Bir narsisi delirtecek en belirgin şey ona hayır demek olur.

Bir narsisin en uyumlu parçası da bağımlı bir insandır. Bağımlı bir insanın kendi sınırlarını koruyamama becerisini bir narsis kendi eğilimleri doğrultusunda başarılı bir şekilde kullanır. "Tek başıma hayatta kalamam" diyen, yardım arayan, başkalarının kararları doğrultusunda hareket eden ve sürekli yardım bekleyen bir bağımlı kişilik, özelim ve öncelikliyim diyerek karşısındakini sömüren ve maniple eden bir narsise boyun eğecektir.

Bağımlı kişilikler, dışlanma ve eleştirilme korkusuyla kendi istek ve duygularını rahatlıkla ifade edemezler. Başkaları tarafından sevilmek için olmadık durumların içine girebilir hatta kendilerini küçük düşürecek şeylere bile evet diyebilirler. Kendi gereksinimlerini sürekli erteleyerek başkalarının önceliklerine hayatlarında yer açamayan bağımlı kişilikler hayır diyememe konusunda büyük sıkıntılar yaşarlar. Hatta neredeyse onların kelime hazinesinde böyle bir kelime yoktur. Kaygılı halleri nedeniyle edilgen bir tutum içindedirler. Toplumda gördüğümüz ve uyumlu dediğimiz bazı insanların aslında birer bağımlı kişilik olduğunu görmemiz pek de kolay olmaz.

Bir narsisle başa çıkmanın ya da bağımlı bir kişiliğe sahipseniz bazı şeylere karşı koymanın bedelleri vardır.

Tarih hayır diyemediği için büyük kayıplar vermiş nice insan hikâyeleriyle doludur.

Ruhsal ve bedensel çekişmelerin yarattığı gerilimden doğan ince bir ip üstünde atarız yaşamda adımlarımızı. Bazen dengemizi kaybederiz, bazen düşeriz ama yaşadığımız müddetçe yürüyüşümüz hep devam eder. Yürüyüşümüzü taçlandıracak şey, hayatımızda ve kendimizde yapacağımız düzenlemelerdir. Her şeyi yerli yerinde tutmak elbette kolay değildir ama ortalığın dağılmasına izin vermeden çekidüzen vermeyi de unutmamak gerekir.

Kimler Hayır Diyemez?

"Bazen seçim yaparsın bazen de seçimler seni olduğun kişi yapar."

Gayle Forman

1. Sınırlarını Koruyamayanlar

Evinize, yazlığınıza, işyerinize ya da arabanıza başkasının izinsiz girmesini istemezsiniz değil mi? Hatta bunu her kim yaptıysa polisle peşine düşer, yasal haklarınızı ararsınız.

Peki ya söz konusu ihlaller kişiliğinize karşı yapılırsa ne olur?

Sert yaptırımlara başvurmazsınız değil mi? Ne de olsa kişiliğinizin sınırları görünmezdir.

Peki siz bile kendi sınırlarınızı koruyup kollamakta yeterince emin değilken, başkalarının bu ince çizgileri aşmasına nasıl engel olacaksınız?

Sınırlarınız, sınırlarınız, sınırlarınız deyip durduk şimdiye kadar. Haklısınız... Nedir ama şu "sınır" dediğimiz şey?

Gözle görülemez, elle tutulamaz şeyler mi?

Aslında gayet net ve belirgin...

Hadi biraz yakından bakalım...

a. Bedensel sınırlar: Bedeniniz size ait... Üstelik en özel sınırınız. Dokunulamaz alanınız... Kimse tarafından fütursuzca ihlal edilemez. Benliğinizin en güçlü olduğu yer bedeninizdir. Beden sınırınız ne kadar güçlüyse, o kadar özgür ve özgüvenlisinizdir.

Rahatsızlık hissettiğiniz hiçbir temas, kim tarafından gerçekleştiriliyor olursa olsun, hoş görülmemesi gereken bir ihlaldir.

Bedensel sınırlarınızı korumaya hakkınız var.

"Otobüs çok kalabalık, yapacak hiçbir şey yok, kendimi ne kadar kötü hissetsem de başkasının kolu koluma değmeye devam edebilir. Rahatsız oluyorsan git taksiye bin kavgası yaşamayı göze alamıyorum, buna katlanmaktan başka şansım yok" dediğinizde en özel alanınızın ihlal edilmesine, varlık ve benlik sınırlarınızın aşılmasına izin vermiş olursunuz ki, bu sizi daha mutlu, daha özgür ve daha özgüvenli yapmaz.

Ayrıca sınırlarınızı korumak, bir mücadele ve savaş ortamı yaratmanızı gerekli kılmaz. Zekânızı küçümsemeyin.

b. Kişilik sınırları: Doğru ya da yanlış kişiliğinizin sizi mutlu, huzurlu ve güvende hissettirdiği birtakım prensipleri var... Bunları zaman içinde ama aileden, okuldan, kültürel ve sosyal çevrenizden, ama deneyimlerinizden ya da çıkarımlarınızdan elde edip benimsediniz.

Elbette kişiliğinizin sınırlarından sorumlusunuz. Elbette ihlal edilmesine izin vermezsiniz. Bu sizin huzur ve güven alanınızdır.

Sigara kullanmıyorsunuz, yanınızda sigara içilmesinden rahatsız oluyorsunuz. Bu nedir? Korumaya hakkınız olan bir kişilik prensibidir... Dolayısıyla "Hayır, yanımda sigara içilmesinden hoşlanmıyorum" tavrıyla ihlal edilmesine göz yummayacağınız bir sınır.

Yalan söylenmesinden hoşlanmıyorsanız, "Hayır, bana yalan söyleme, buna izin vermiyorum" diyerek ifade ettiğiniz sınır kapınızda güçlü ve kişilikli bir muhafız bekliyor demektir. İçerideki özgürlük alanınıza sahip çıkıyor olmanızdır.

Emrivaki yapılmasından hoşlanmıyorsanız da keza durum değişmez. Bu bir kişilik sınırıdır ve siz emrivakilere evet demiyorsunuzdur.

c. Duygusal sınırlar: Duyguların ifadesi önemlidir tabii ki... Hatta hangi duygunun nasıl ifade bulduğu da çok değerlidir. Zira psikolojik sağlık hakkında kıymetli veriler sunar. Bu başlı başına ayrı bir kitap konusu olduğundan etraflıca üzerinde durmak, kitabı ana ekseninden uzaklaştıracağı için duyguların ifade biçimini doğru ya da yanlış ayırmadan ele alarak açıklamak yerinde olacaktır.

Duygularınız, kişisel sınırlarınızdandır.

Kendinizi iyi ve güvende hissettiğiniz sınırları koruma hakkınız tabii ki vardır.

Öfkeli, aldatılmış, haksızlığa uğramış, kullanılmış, üzgün, kederli, kırgın, ağlamaklı, kaygılı, tedirgin, korku dolu hissetmekten korunmanın en değerli yolu tabii ki duygusal sınırlarınızın ihlaline izin vermemeniz olacaktır.

Öfkelenmemek için hayır dersiniz.

Kaygılanmamak, huzurda ve güvende kalmak için hayır dersiniz.

Stresten uzak durmak, endişeye düşmemek ya da korkuya kapılmamak için hayır dersiniz.

Duygusal sınırlarınızı korumanız, aslında psikolojik sağlığınızı desteklemeniz, ruhsal yapınızın birtakım insani alışverişlerle ihlal edilmesine izin vermemeniz, huzurlu özgürlüğünüzden yana seçim yapmanızdır.

Sınırlarınız sizi siz yapar. Ait olduklarınız ama üzerinizde taşımadıklarınızdır.

Ötesiyle berisiyle kişiliğiniz bütünüyle size ait bir bahçedir. bu bahçede ne yetiştirdiğiniz, neyi söküp attığınız, neyin yetişmesine kesinlikle izin vermediğiniz tamamen sizinle ilgili...

Bahçenizde neyin yaşayacağına ya da yaşamayacağına sadece siz karar verirsiniz.

Yabancıların bahçenizi çiğnemesini, ortalığı dağıtmasını istemezsiniz kuşkusuz. Bu yüzden bahçenizin sınırlarını korumak kendinize karşı asli görevlerinizden biri sayılır. Üstelik çok da kıymetli bir görev... Yaşadığınız deneyimler, girdiğiniz duygusal haller ve zorunluluklar yüzünden bahçenizin sınırları zaman zaman silikleşir, kapıları çürür. İçeriye hoyratça girip çıkanlara bunu nasıl yapabildikleri için şaşar kalırsınız. Bahçenize izinsiz girilmesi sizi üzer, öfkelendirir, haksızlığa uğramış hissedersiniz, gasp edilmişsinizdir, yaralanırsınız, kendinize karşı da zalimleşirsiniz, sınırlarınızı koruyamadığınız için yetersizlikle, özgüvensizlikle, beceriksizlikle suçlarsınız kendinizi...

Oysa kullanmanız gereken bir tane sihirli sözcük vardır kişilik bahçenizi ihlallerden koruyabilmek için:

"Hayır!"

Bu kelimeyle bahçenizin çitlerini işaretlemiş olursunuz ki herkes görür. Kim bahçeye ne kadar yaklaşıp yaklaşamayacağının farkında olur ve buna göre hareket eder.

Hayır diyerek herkese yerini ve mesafesini bildirmiş olursunuz ki bu hatırlatma ilişkilerin sağlığı açısından çok kıymetli...

Sömürülmekten, ruhsal, duygusal ve bedensel olarak suiistimale uğramaktan benliğinizi korumuş olursunuz. Küçük yaşlarda sınırlarımızı korumakla ilgili öğrendiğimiz yanlış öğretiler nedeniyle kendi mülkiyetimizi kontrol edebilme mekanizmamızda arızalar ortaya çıkmış olabilir. Arızalarımız yüzünden başkaları üzerimizde talep, denetim ve baskı kurma cüretinde bulunabilirler.

Tıpkı bilgisayarınızın içine yerleştirilmiş bir virüsün bütün kişisel bilgilerinizi ele geçirmesi gibi...

Siz zarafet gösterdiğinizi düşünseniz de karşı tarafa nazik davranmış olmak için olağan şartlarda kesinlikle yapmak istemediğiniz bir şeye evet diyerek kendi elinizle kişisel alanınızı ihlal etmiş olursunuz ki çok geçmeden peşinden suçluluk ve öfke de hissetmeye başlarsınız.

Hayır diyerek sadece nerede durduğunuzu değil, başkalarının da nerede durması gerektiğini işaretlersiniz. Bunu ifade etmediğinizde kimse ne sizin duruşunuzu kestirebilir ne de kendi duruşlarının mesafesi hakkında fikir sahibi olabilir.

Hayır demek çatışma yaratır mı?

Evet yaratır.

Hayır yaratmaz.

Ne demiştik? Hayır diyebilmek bir sanattır.

Hangi kelimeyi hangi ifadeyle söylediğiniz tabii ki sonucu değiştirir.

Bazen birine günaydın demek bile çatışmaya neden olur.

"Ne demek istiyorsun, çok mu geç uyandım yani?" tepkisiyle karşı karşıya kalabilirsiniz, sırf günaydın deme şekliniz yüzünden. Kelimelerinizin arkasında gizlediğiniz imalardan emin olunuz lütfen.

Sonra "Ben ne dedim ki, altı üstü günaydın dedim, sanki hakaret etmişim gibi davranıyor!" savunmanız gayet yersiz ve samimiyetsiz kalacaktır.

Konuşurken kelimenin içerdiği anlam kadar, ona yüklediğiniz duygulara da dikkat etmek zorundasınız.

Nasıl mı?

Niyetinizden emin olarak...

Amacınız birini reddederek onu aşağılamak, sinirlendirmek, haddini bildirmek, dersini vermek, canını sıkmaksa emin olun sadece hayır diyerek bile bunu başarabilirsiniz.

Yok eğer amacınız yapmak istemediğiniz bir şeyi zorla yapmak durumunda kalmamak, kendinize şefkat göstermekse emin olun bunu da sadece hayır diyerek başarırsınız.

Hayır derken kaybetme, reddedilme, yanlış anlaşılma, yalnız kalma, kalp kırma, üzme, incitme, zor durumda bırakma korkusu hissediyorsanız aynen bunu da kolayca başarırsınız.

"Benimle konuşurken sesinin tonunu ayarla, böyle efeler gibi diklenilmesinden hiç hoşlanmam ona göre..." cümlesi aslında bir hayır cümlesidir.

Yüksek sesten hoşlanmadığınızı ifade etmek istiyorsunuz sadece. Ancak burada bir meydan okuma ve tehdit yok mu sizce de?

Oysa "Benimle konuşurken sesini yükseltmeni sevmiyorum" demek ne kadar da zarif değil mi?

Aynı şekilde "Git başkasını bul, ben böyle bir şey yapmam" demek yerine "Bu bana hiç uygun değil, üzgünüm yapamam" demeyi deneyin mesela.

"Beni neye zorladığının farkında mısın? Ne biçin davranıyorsun, kendine gel!" demek yerine "Bana bu şekilde yaklaştığın sürece sana karşılık vermeyeceğim" diyebilirsiniz mesela.

"Bütün hafta sonumu orada saçma sapan arkadaşlarınla bir arada geçiremem" demek yerine "Hafta sonumu kendime ayırmak istiyorum" demeyi deneyin bakalım, herhangi bir çatışma çıkıyor mu, ya da sevdiklerinizi kaybediyor musunuz?

Bu örnek cümlelerde neye hayır dediğinizin öznesi değişse bile, hepsi sınırlarınızın olduğunu karşınızdakine net bir şekilde anlatır. Çeşitli maskelerle evetinizi çalmaya gelenler türlü stratejilerle dikilebilirler karşınıza.

Aman manipülasyona gelmeyin...

Sınır, sınırdır...

Baskı altına alma, suçlama, tehdit, değersiz hissettirme, belli başlı stratejiler arasındadır...

Manipülasyon ve baskılarla sizi istemediğiniz şeylere zorlayan birisinin üzerinizde kurduğu hâkimiyet denetleme dürtüsünden kaynaklanabilir.

Denetleyici tipte insanlar açısından hayır kelimesi henüz icat edilmemiş gibidir adeta. Onlar istedikleri her şeye herkesin "evet" demelerini beklerler. Oysa onların da birtakım sınırları olduğunu hatırlatmak dürüstlükle yapılacak işlerden biridir. Bazen ilişkilerde yanlış ellere geçen denetim mekanizmasının geri kazanılmasının tek yolu da mesafelenmektir.

Yaşadığınız ilişkide birbirine geçmiş sınırların sizi iyice zorlamaya başladığını hissediyorsanız ipin ucu kaçtı gitti diye düşünmeyin. Her şey yeniden inşa edilebilir. Sınırlar bir kez daha net bir şekilde çizilebilir. Mesafelenmek hayat kurtarır...

Kaybedilen kontrolü geri almak için hayır demek kâfi...

Mesafelenmek ne demek?

Sınırlarınızın bilerek ve isteyerek ihlal edilmesine izin verdiğinizi kabul edip, kuralların yeniden belirlenmesini talep etmektir.

"Annen kırılmasın diye defalarca sana eşlik ettim ama buna sürekli devam edemem."

"Seni zor durumda bırakmamak için birkaç kez borç para verdim ama kendi ekonomik dengelerimi de korumak zorundayım..."

"Seni üzmemek için o teklifi kabul ettim ama aynı şeyi bir daha yapamam..."

"Hatırın için o görüşmeyi yaptım ama tanımadığım insanlarla bir araya gelmekten hoşlanmıyorum. Aynı şeyi bir daha yapmayacağım."

Bahçenize herkes girmesin, ektiğiniz çiçekleri herkes görmesin. Siz sadece çiçekleriniz için lazım gelen bakımı yapın, gerekli özeni göstermeye dikkat edin. Bahçenizin başkalarının ayakları altında çiğnenmesine izin vermeyin, bu çok sevdiğiniz biri bile olsa, mesafesinin farkında olsun. Kendine saygı duyan birine saygı göstermek daha kolaydır.

2. Değersiz Hissedenler

"Kendinizi başka birisinin düşüncelerine göre incelemeye çalışırsanız hep ikinci el bir insan olarak kalırsınız."

Jiddu Krishnamurti

Kendinizden çok başkalarının fikirlerini önemsediğiniz durumlarda hayır diyemez hale gelirsiniz.

Buradaki temel etken evet diyerek bir biçimde başkalarının onayını alma isteğiniz, aksi takdirde yok olacağınızı, değerinizin düşeceğini hissetmenizdir. Böylece sınırlarınızın ortadan kalkmasına yol açacak zorlu bir serüven başlamış olur. İnsan hayatta kendine verdiği değer kadar mutludur. Değersizlik hissi başlı başına üstesinden gelinmesi gereken psikolojik bir sorundur.

Kendinizi değersiz hissediyorsanız, mutlulukla negatif bir ilişki kurmuşsunuz demektir. Bu da yine sevilme ihtiyacına benzer şekilde başkalarının onayına ihtiyaç duymanıza ve bu uğurda kendinizden vazgeçip başkasına hizmetkâr olmanıza yol açar. Giderek silikleşirsiniz ve başkaları karşısında güçlü bir duruş sergileyemez, kendi hikâyenizde başrol oynamak yerine zayıf, iyi kurgulanmamış bir yan karaktere dönüşürsünüz. Kendi değerinizi ancak varoluşunuzu görerek kazanırsınız.

Nasıl mı?

Öncelikle onay ihtiyacından özgürleşerek...

Başarılı olduğunuzun farkında olmak için birilerinin "Bu işi çok iyi başardın" onayına ihtiyaç duyup duymadığınızdan emin olun.

Onay sözünü işitmek, kuşkusuz ki iyi gelecektir. Ne var ki "Çok da başarılı olduğunu düşünmüyorum" sözü bakın bakalım zihninizde hangi hezeyanlara, kavgalara, çöküntüye, moral bozukluğuna, güvensizliğe yol açıyor.

Kendinize küsüp başarınızı ya da başarısızlığınızı sorgular hale mi geliyorsunuz, daha iyi olmak için vereceğiniz mücadeleden vaz mı geçiyorsunuz, başarısız olduğunuza derhal ikna olup çalışacak enerjiyi kendinizde bulamıyor hale mi geliyorsunuz, isteksizlik, hevessizlik mi baş gösteriyor?

Başkasının onayına ihtiyaç duymadığınız noktada potansiyelinizin de değerinizin de tek sahibisiniz, özgürsünüz...

Bunu kavradığınızda başka bir şeye ihtiyacınız kalmaz. Dışarıya olan bağımlılığınız sona erer.

Unutmayın ki biz zaten varız, bu dünyadayız ve sadece bu yüzden bile çok değerliyiz. Özeliz, kendimizden başka bir "ben" daha yok bize. Belli bir hayat duruşumuz, kişiliğimiz, hayallerimiz var ve hepsi bize ait... Sadece bize...

Mutluluk ve kendi kendimize yetebilme becerisi işte bu kabullenişle başlar. Sizin değerinizi yaratan şey ne başkalarının onayı, ne başkalarının gözünde yarattığınız tatmin duygusu, ne de onları memnun etme becerinizdir. Tüm bunlar birer sonuçtur sadece. Bu sonucu var eden sizsinizdir. Kişiliğinizdir, tavırlarınızdır, davranışlarınızdır. Kendinize biçtiğiniz değerin karşılığını başka yüzlerde aramak samanlıkta iğne aramak kadar beyhudedir, yorucudur, gereksizdir.

Düşünsenize herkes ne kadar da kendine has özelliklerle ve düşüncelerle donatılmış, parmak izi gibi farklı ve eşsiz. Kendinize biçtiğiniz değeri görmek için karşınıza alacağınız her insan size farklı reaksiyonlar yansıtacaktır. Herkesin talepleri, beklentileri temelde aynı olsa da aynalardan yansıyan tepkiler ve duygular değişkenlik gösterecektir. Oysa net olan bir şey vardır: Sizin kim olduğunuz.

İçinizde bunu zaten bilirsiniz, başkalarının ne dediğini, hangi motivasyonlarla size yaklaştıklarını net olarak kestirebilmeniz mümkün değil... Farkında olabileceğiniz tek şey kim olduğunuz ve kim olmadığınızdır. Kendi değerini bilmek, olduğunuz her halle kendinizi sevebilmektir, kendinizi onaylamak ve kabul etmektir. Bunu kabullenmiş olmak başka sularda kulaç atarak zaman ve enerji kaybetmenizin önüne geçecektir.

Ne kadar uzağa açılabilirsiniz?

Bunu başkalarının denizinde değil ancak kendi sularınızdayken deneyimleyebilirsiniz. Kendi değerinizi bilmemekten kaynaklanan hayır diyememe dürtüsü başkalarının karşısında sürekli boynunuzu eğmenize, hemen her şeyi alttan almanıza, tavır koyamamanıza, "Ben de varım" diyememenize neden olur.

Özellikle ilişkilerde daha fazla değersizlik hissi, sağlıksız, güvensiz, yorucu ve huzursuz ilişkiler yaşamanıza ve üzerinizde güç denemeleri yapan insanların hayatınızı işgal etmesine yol açar. Çünkü siz ne olursa olsun her koşulda sevecen, sakin, uzlaşmacı ve barışçıl duygular içinde hareket etme gayretinde olursunuz. Oysa görmediğiniz şey sizin kendi alanınızı koruyamadığınızdır, varlık ve benlik değerinizi anlayamamış olmanızdır.

Böylece kişilik bahçenize sürekli birileri fütursuzca girip çıkmaya başlar ve ektiğiniz güzelim çiçeklerinizi yolup atmaya, toprağınızın kalitesini bozmaya devam eder. Çünkü siz kendi değerinizin farkında olmadığınız için başkaları da tabii ki sizin kendi elinizle değersizleştirdiğiniz alanlarda kendilerinin hak sahibi olduğunu düşünürler.

Diyelim ki sevgilinizle tartıştınız ve sessizlik orucuna başladınız. Size büyük haksızlık etti. Defalarca özür dilemesi, sizi yaşadığınız ilişkiye bir kez daha ikna etmesi gerekiyor ama iki taraf da derin bir sessizlik orucuna girdi.

Ne var ki sizin içiniz huzursuz. Bir şeyler var ki durmadan kalbinizi kemiriyor, eliniz sürekli telefona gidip geliyor.

Arasam mı aramasam mı?

Mesaj mı atsam çaldırıp mı kapatsam?

İçinizde yükselen bu dürtüye hayır diyemiyorsunuz bir türlü.

Uğradığınız haksızlık karşısında bile kendinizi suçlamaya başlıyorsunuz. Sanki bir telefon açıp tatlı tatlı konuşsanız hiçbir şey olmamış gibi yoluna girecek ilişkiniz.

Sevgilinizin size "Özür dilerim" demesine bile layık bulmuyorsunuz kendinizi.

Sizin için bir şeyler yapmasına dahi gerek yok. Hiç zahmete girmesin. Hatta telefon bile açıp kendini ne kadar kötü hissettiğini, sizi kırdığı için mutsuz olduğunu bile söylemese olur.

Kendinize "Hayır o telefonu açma" diyemediğiniz için, özür beklerken, her şeyin eskisi gibi olmasını dileyen kişiye dönüşüveriyorsunuz birden.

"Bana karşı büyük hatalar yaptın. Sana çok kırgınım ve bütün bu olanlardan dolayı da çok üzgünüm ama yine de ilişkimiz düzelsin, eskisi gibi olalım istiyorum" dediniz.

Şu cümlelerinizin her harfinin üzerine oturmuş o ağır değersizlik hissiyle yüzleşin lütfen.

Söze dökülmeyen içsesiniz şunu söylüyor aslında:

"Ben telefon açıp özür dilemene bile değmem. Buna gerek yok. Kalbimi yeniden kazanmak için çabalama, buna layık değilim. Hem ben neyim ki kendini benden dolayı suçlu hissedeceksin? Değerli olan sensin, çünkü ben ancak senin hayatımdaki varlığınla kendimi değerli hissedebiliyorum. Her hatanda, her hakaretinde ve bana karşı yaptığın her haksızlıkta ben seni zaten affetmeye hazırım. Benim kırılıp gücenecek kadar bile insani bir kişiliğim yok. Ben kişiliğimi tanımıyorum, sen de tanıma. Ben varlık ve benlik sınırlarıma saygı göstermiyorum, dolayısıyla senin de bana saygı göstermene gerek yok."

Görüldüğü üzere sadece başkalarına değil, çok zaman kendimize karşı bile hayır diyebilme cesaretine, özgüvenine ve kararlılığına sahip olmamız gerekiyor.

"Kendinize hayır diyebilme" konusunu, ilerleyen sayfalarda ayrıca ele alıyor olacağız, merak etmeyin.

Peki bu örnekte neyi gördük aslında?

Değersizlik hissinin, iradeyi felç edecek kadar güçlü olduğunu gördük değil mi?

Sınırlarınızı çizmediniz, kendi varlığınızı ortaya koyamadınız, kendinizi saygıya layık bulmadınız, gönlü alınacak değerde bir insan olmadığınıza hükmettiniz, incinen egonuzun sesini kısmayı başaramadınız, egonuzu karşınıza alıp "Seninle kavga edecek değilim, ben kim olduğumu, neye layık olup olmadığımı iyi biliyorum, hayır o telefonu açıp özür dileyecek değilim, çünkü bu kadar değersiz hissetmiyorum" diyemediniz, varlık ve benlik sınırlarınızı ihlal ettiniz.

Belki ilişkiniz kurtuldu. Her şey kaldığı yerden güzelce devam ediyor.

Ne kaybeden var ne de kazanan gibi görünüyor. Sonuçta iki sevgili yine bir ilişkinin içinde buluştu.

Oysa yitirilmiş bir kişilik sınırı söz konusu ve bu sınırları kolayca ihlal edebileceğinin farkında nur topu gibi bir ego geldi dünyaya.

Artık size ve kişilik sınırlarınıza saygı duymasını bekleyemeyiz sevgilinizin. Kendinize bir değer bile biçmediniz ki değerinizin bilinmesini ondan bekleyesiniz.

Sadece kendinize hayır diyemediğiniz için açtığınız o telefonla birlikte yaşananların size kaybettirdiği şeylerden biri de karşınızdaki insanın size biçtiği değer oldu.

Belki kolay ve değersiz bir avsınız artık onun için. Ya da her ne olursa olsun her şeye hazır, her şeye razı, kişiliği zayıf, sınırları silik, heyecansız bir oyun arkadaşına dönüştünüz. Bazen kendinize karşı koyacak kadar güçlü olmanız gerekir. Sizden çok şeyler alıp götürecek olaylar ve durumlar karşısında varlık göstererek reddetme ve hayır deme dirayetinizi geliştirebilmelisiniz.

Değerinizi kolayca harcamadan ve başkalarına da değerinizi kolayca harcama hakkı tanımadan güçlü bir duruşla "ben" diyebilmek çok değerli...

"Söylemesi kolay ama bunu yapması o kadar da kolay değil" diyebilirsiniz.

Tamam, kabul...

O zaman işe küçük antrenmanlarla başlayın.

Şu andan itibaren bir hafta boyunca hayır egzersizi yapın.

Hem kendinize karşı hem de başkalarına karşı fark edilir sağlam bir duruş sergileyin.

Mesela, konuşmak istemediğiniz kişinin çağrısını telefonunuzda gördüğünüzde açmayın.

Yanlış gelen kahvenizi geri gönderin, yeniden yapılmasını isteyin.

Hafta sonu programınızı değiştirin. Her şeyi iptal edin. Size özel, keyifli bir program yapın ve diğerlerine "Başka zaman görüşürüz. Bu hafta sonunu kendime ayırdım" deyin.

Akşam yemeğinde özellikle içmek istediğiniz meşrubat evde yok mu? Hemen aldırın. Hiç üşenmeyin. O meşrubat gelene kadar da yemeğe oturmayın.

Davette giymeyi hayal ettiğiniz kıyafetiniz ütüsüz mü? Hemen alternatif bir kıyafet aramayın. Hayal ettiğiniz kıyafeti hazırlayın. Diğerleri birkaç dakika daha bekleyebilirler.

Sigara kullanmadığınız halde yanınızda içmesine izin verdiğiniz arkadaşlarınızı bugün hemen uyarın. "Ben sigara kullanmıyorum. Duman beni çok rahatsız ediyor. Lütfen benim evimde içmeyin" deyin. İlle içmek istiyorlarsa, onlara balkonda küçük ama şık bir oturma düzeni oluşturun. Salonunuzda dumansız ve keyifli vakit geçirin.

3. Özsaygısı Olmayanlar

"Bana hayır diyenlere şükran duyuyorum, ne başardımsa onlar sayesinde başardım."

Einstein

Hayır demek bir özsaygı meselesidir. Özsaygı kendinizi nasıl algıladığınız, kendinize ne kadar saygı duyduğunuz ve ne kadar değer verdiğinizdir.

Özsaygınız düşükse kendinizi değerli, yetenekli ve önemli bulmazsınız. Değerinizi yansıtacak çeşitli aynalara yani başkalarına bağımlı hale gelirsiniz.

Özsaygı aynı zamanda eleştirilerle ve olumsuzluklarla da baş edebilme becerisi kazandırır.

Düşük özsaygı hayır diyememenin altında yatan nedenlerden biridir. Eğer özsaygınız düşükse kendinize ve başkalarına dürüst davranamadığınız için hayır demekten kaçınırsınız. Zayıf taraflarınızla yüzleşmekten korktuğunuz için hayır diyemezsiniz. Kendinizi kötü hissetmemek adına hayır demekten kaçınırsınız. İnsanlardan onay, takdir ve sevgi alabilmek için hayır diyemezsiniz

Yalnız kalmaktan korktuğunuz için hayır diyemezsiniz. Düşük özsaygı, kişiliğinizin ipte yürüyen bir cambaz gibi hareket etmesine neden olur. Cambaz düşmemek için sürekli hamle yapar ama bir tedirginlik içindedir ve gerilim taşır. Özsaygınızı geliştirmek için yapmanız gereken şeylerden biri onay beklentinizden vazgeçmektir. Onay almak adına sürekli bir şeylere evet demeniz kendinize güvenmediğinizin göstergesidir. İstemediğiniz şeylere hayır demek kendinize olan güveninizi kazandırır ve kendinize olan saygınızı güçlendirir.

Güçlü özsaygı ve kendinize duyduğunuz güven yaşamınızın pek çok alanında işinize yarayacaktır. İş hayatınızdaki ilişkileri daha başarılı bir şekilde yönetebilir, aile ve sosyal çevrenizi daha kolay yönetebilir en önemlisi de kendinizi olduğunuz gibi ortaya koyabilme becerinizi geliştirirsiniz.

Kendiniz gibi olmaktan korkmayın. Hepimizin eksikleri, kusurları ve hataları var. Hayat artılarıyla eksileriyle bir bütün halinde yaşandığında büyülüdür. Sizi siz olduğunuz için seven insanlar da var hayatınızda.

Hayır demek, seçim yapabilme gücünüzü elinizde tuttuğunuzu gösterir. Sizi korur. Sağlam bir karakter evetlerden çok hayırlarla inşa edilir.

4. İçindeki İyi İnsanı Kaybetmek İstemeyenler

Evet demek başkalarıyla olan işbirliğimizi, dayanışmamızı perçinleyen bir şey gibi görünse de perdenin arkasında gözümüzden kaçan bazı gerçekliklerden kaynaklanıyor olabilir.

Evet diyerek başkaları tarafından onaylanırız, kabul görürüz ve bir gruba ait hissederiz. Bu gruplar bazen ailemizdir, bazen arkadaşlarımız, bazen de iş yaşamımızdaki, ofisimizdeki insanlardır. Hayatta yalnız kalmamak ve mutlu olmak tabiatımızın gereğidir. Bu yüzden de bizden bir şeyler isteyenlere evet diyerek onlardan beklediğimiz kabul edilme, sevilme, onay alma beklentilerimizi bir anlamda talep etmiş oluruz.

Evet derken aslında bir beklenti içindeyizdir. Dışlanmamak, reddedilmek, sevilmemek korkusunun zemininde yattığı bir tür talep edilme ihtiyacıdır duyduğumuz. Böylelikle insanların bizimle olan bağını güçlendirdiğimize inanırız. Özümüzdeki iyi insan olma dürtüsüne teslim oluruz. Fakat tehlikeli bir durum var: Siz acil çıkışta ilk kırılan cam oldunuz! Kendinize yakıştırdığınız melek kanatları emin olun üzerinizde çok da güzel duruyordur.

Sürekli iyilik peşinde koşan, insanların derdine derman olan mükemmel bir ilaçsınız. Bu yüzden sürekli birileri sizden borç para istiyor, yapmak istemediği işleri üzerinize yıkıyor, riskli durumlarla sizi karşı karşıya bırakıyor, mutlu gününde yanınızda olmayanlar sıkıntıya düşünce size koşuyor.

Peki bunların hepsi gerçekten sizin mükemmel bir insan olmanızla mı ilgili?

İyi insan olmanın düşüncesizce ilerlemekle ve aşırı sorumluluk almakla bir ilgisi yoktur. Baltasar Gracián, *Akıllı Yaşama*

Sanatı'nda ihtiyatlı davranmanın nasıl incelikle yapılması gerektiğini şöyle anlatır:

"Aptallar kapıdan içeri hızla dalar; çünkü budalalık her zaman kabak gibi ortadadır. Onları her türlü önlemden azade kılan aynı basitlik, çuvallama halinde her türlü utanmadan da mahrum eder. Fakat sağduyu, kapıdan her zaman ihtiyatla girer. Onun öncüleri tedbir ve dikkattir. Siz tehlikesiz bir şekilde ilerleyesiniz diye, onlar önden girip içeriyi kolaçan eder. İleriye doğru atılan her düşüncesiz adım, ancak tedbir sayesinde tehlikeden arınmış olacaktır. Ancak bazı durumlarda şans da yardımınıza koşabilir. Şüphelendiğiniz yerde tedbirli adım atın. Tedbirler mekânı kollarken, bilgelik daima dikkatle ileriye doğru adım atar. Bugünlerde insan ilişkilerinde beklenmeyen uçurumlarla karşılaşmak mümkün olduğu için, her adımı dikkatle atmak gerekir."

5. Korku ve Kaygı Dolu Olanlar

Birilerine hayır dediğinizde onları kaybetmekten korkuyor musunuz?

Dışlanacağınızı, onları kızdıracağınızı mı düşünüyorsunuz?

Bu yüzden en zor teklifler bile sizin açınızdan reddedilemez hale mi geliyor?

Sizden bir şey talep edildiğinde kaygılanmaya mı başlıyorsunuz?

İçinizi bir sıkıntı mı kaplıyor?

Kendinizi daha fazla köşeye sıkışmış hissetmemek için bir yerde evet demek zorunda mı hissediyorsunuz?

O halde endişeleriniz, hayatınızı yönetiyor demektir. Aldığınız kararlar, gösterdiğiniz tutum ve davranışlarda özgün iradenizin çok daha sahnede yer almadığı söylenebilir. Olası olumsuz sonuçların hayaliyle istemediğiniz zor durumlar içinde kendinizi bırakmayı göze almanız, üzerinde durup etraflıca düşünmeniz ve bu yolda yapıcı olumlu adımlar atmanız gereken çok önemli bir sorun.

Korku ve kaygı birbirine çok benzer gibi görünse de aslında ayrılırlar.

Korku somut nedenlerle tetiklenir.

Mesela üzerinize doğru hızla gelen arabadan korkarsınız ya da sizi ısıracağından emin olduğunuz dişleri dışarıda hırlayan köpekten de korkarsınız.

Korku duygusu, somut nedenlerle, gerçekten belirgin ya da en azından kavranabilir durumlar oluştuğunda yaşanan stres deneyimidir.

Kaygıda ise durum farklıdır. Korkuda olduğu gibi somut nedenlerden yoksunuzdur, bilinmeyenden ve belirsizlikten kaynaklanır kaygı.

Nedenlerin yokluğu ve belirsizliği kaygıyı daha besler. Korku ve kaygılar, ailelerden ya da toplumsal ve sosyal çevrelerden emanet alınan duygulardır.

Alışkanlıklarımızın değişeceği düşüncesi, arzu ettiğimiz nesne ya da durumdan kopacağımız ihtimalinin kökleri çocuklukta öğrenildiği gibi sonradan da ortaya çıkabilir. Belirsizlikler her zaman kaygı verir.

Kaygıyı ötelemek, görünmeyenle yüzleşmekten kaçınmak için hayır demekten kaçınırken kendimizi yakalamamız an meselesi... Belirsizlik ve büyük değişimler karşısında hayır deme yönünde bir içsel direnç belirdiğinde evet demeye yenilmektense ortaya çıkacak sonuçlarla yüzleşmek adına hızlı bir şekilde karaya adım atmak gerekir.

Büyük değişimler yapmak zorunda kaldığımızda kendimizi fırtınalı bir denizin ortasında kalmış gibi hissederiz. Gökyüzü karanlıktır, yağmur görüş mesafesini düşürmüştür ve deniz fenerini göremiyoruzdur. Oysa bu durumu yaratan sadece zihnimizdir. Karanlığı yaratan, görüş mesafesini düşüren şeylerse korkularımız ve kaygılarımızdır. Zihnimizdeki fırtına belirdiğinde içimizdeki evet diyen güçlü sese yenik düşmemiz çok daha kolay olur. Bilinmeyenin ormanına dalmaktansa tanıdık sularda yüzmenin rehavetine kapılırız. Oysa yapmamız gereken tek şey fırtınanın sahteliğini görmek ve sakince karaya ulaşmak için harekete geçmektir.

Çünkü bekleyişin getirdiği kaygı denizinde çalkalanmak hepimiz için yorucudur hatta ortaya çıkabilecek sonuçlarla mücadele etmekten çok daha yorucu...

Zihninizdeki fırtınadan nasıl kurtulursunuz?

Otomatik düşünce nasıl oluşur?

Zihindeki fırtınalardan kurtulmanın ilk adımı otomatik düşüncelerden uzaklaşmaktır.

İçinde bulunduğunuz durumu bir gözlemci olarak izlemeye çalışın. Sizde uyanan duygu ne? Korku mu? Kaygı mı? Atalet mi? İsteksizlik mi? Önce duygunuzu keşfedin.

Duygular bir neden değil bir sonuçtur. Bu duyguyu uyandıran temel sebepler aslında sizin geliştirdiğiniz, inandığınız ya da saplanıp kaldığınız birtakım düşüncelerdir. Duygunuzu bulduktan sonra bir adım geriye gidin ve buna sebep olan düşünceyi bulmaya çalışın.

"Korkuyorum ve korkum aslında rezil olacağımı düşünmemden kaynaklanıyor" ya da "Kaygılıyım çünkü evet demezsem dışlanacağımı düşünüyorum" şeklinde duygu ve düşünce zinciriniz arasındaki bağlantıları bulmak sizi asıl çalışmanız gereken noktaya taşır.

Bilişsel davranışçı terapinin merkezinde olan otomatik düşüncede temel soru şudur: Aklınızdan ne geçiyor?

Örneğin sabah ofisinize geldiniz ve iş arkadaşınıza günaydın dediniz ancak size yanıt vermedi. Aklınızdan ne geçer?

Sizi duymadı.

Sizi duydu ama cevap vermedi.

Bu iki ihtimal üzerinden duygu ve tepkiler geliştirmeye başlarsınız. Yanına gidip kızgın bir şekilde "Neden bana cevap vermedin?" diye sorabilir ya da sakince "Sana günaydın dedim ama sanırım duymadın" diyebilirsiniz.

Doğru düşünmeyi öğrenmek mümkündür. Doğru düşünceyle hareket ettiğinizde sınırlarınızı da koruyabilirsiniz çünkü.

Sizi hayır demekten alıkoyan durumlarla savaşmada en etkili silahlardan biri doğru düşünmedir. Sizi korku, kaygı, onay, beğenilme gibi durumlara iten otomatik düşüncelerinizi keşfedip yerine doğru düşünceleri koymalısınız.

Antik Yunan'a dayanan ve düşünceyi merkezine alan bu yaklaşımda otomatik düşüncüleri oluşturan üç ana şemadan bahsedilebilir.

Basit şemalar: Ruhsallığımız üzerinde etkisi olmayan günlük bilgiler düzeyindedir. Örneğin "Yağmur yağdığında bir yere gir" ya da "Alkollüyken araba kullanma" gibi kurallar boyutundadır denebilir.

Ara İnanç ve Varsayımlar: "Eğer" ve "O zaman" ile başlayan koşullu kurallardır. Örneğin "Eğer insanların istediklerini yapmazsam terk edilirim" ya da "Kabul edilmem için kimseyi üzmemeliyim" koşullu kuralları gibi.

Çekirdek İnançlar: Kişinin içdünyası ve çevresi arasındaki varsayımlardır. Geçmiş yaşantı ve deneyimlere dayanırlar. "Ben aptalım..." "Ben değersizim..." "Ben yetersizim..." gibi varsayımlar örnek verilebilir.

Şimdi sınırların ihlali konusunda otomatik bir düşünce nasıl gelişir onu görelim:

Sevilmiyorum: **Çekirdek inanç**
Benden isteneni yapmazsam kimse beni sevmez: **Ara inanç**
Kimseye asla hayır dememeliyim: **Otomatik düşünce**

Bu örnekten yola çıkarak kendi otomatik düşüncelerinizi, ara inançlarınızı ve çekirdek inançlarınızı bulabilirsiniz.

Düşüncelerinizin kaynağı sizin geçmişinizde, çocukluğunuzda, kötü deneyim ve travmalarınızda köklenmiştir. Çoğu zaman kendine zararlı şeyleri besin kaynağı olarak seçiyor olabilir ve zaten sizde olumsuz duyguları yaratan şeyler de bunlardır.

Bu kökleri fark etmek, sorunun şu anda değil geçmişinizden getirdiklerinizde olduğunu fark etmek ya da gelecekle ilgili yersiz senaryolar yazdığınızı görmek zihindeki fırtınanın dinginleşip, görüşünüzün berraklaşmasına yardımcı olacaktır.

Diyelim ki giderek karmaşıklaşan bir ilişkinin içindesiniz. Sonunun nereye varacağını kestiremiyorsunuz, her an her şey olabilir. Hangi sonuca hazırsınız, hangisine değilsiniz, emin olamıyorsunuz.

İlişkinizin geleceğini merak ediyorsunuz.

Belki de artık iyice yüz göz oldunuz. Bir şeyler yolunda gitmiyor. Ayrılmayı düşünüyorsunuz içten içe ama bu kararı alırken temkinlisiniz. Çünkü içinizde fırtınalar kopuyor.

Ayrıldığınızda neler olabileceğini tahayyül etmeye çalışıyorsunuz kendinizce. Sevgilinizden ayrıldığınızda yaşayacağınız yoksunluk ya da artık sevilmeme duygusuna odaklanıyorsunuz çoğunlukla.

O artık hayatınızda olmadığında ne yapacaksınız? Kötü bile olsa onda özlediğiniz şeyler olur mu? Üstelik onda olmasını çok sevdiğiniz nitelikleri bir başkasında bulamayacak olma ihtimali içinizi kemiriyor. Her ne kadar ilişkinin içinde kendinizi mutsuz hissediyorsanız da onun yokluğunun çok daha büyük bir yoksunluk yaşatabileceği endişesine kapılıyorsunuz. Ya mutsuz bir ilişkiden çok daha can yakıcı ve sarsıcı bir sürece sürüklerse sizi vereceğiniz ayrılık kararı ne yapacaksınız?

Evet...

Bütün bunların gerçekleşmesi ihtimali var.

Tahminlerinizde hiç de yanılmıyor olabilirsiniz.

Ancak çok daha önemli bir konu var ki, eğer siz bu gerçekleşmesi mümkün korkularınızı ve kaygılarınızı yönetemezseniz, bedensel ve ruhsal olarak tahrip olmaya başlayacaksınız.

İyice sınırları dağılmış bir ilişkiye hayır dediğinizde üzerinize çöken kaygı bulutlarını uzaklaştırırsanız, gerçek manada sonuçla yüzleşirsiniz.

Olasılıklar, gerçeklerden her zaman daha yorucu ve daha yıpratıcıdır.

Zor gibi görünen kararlar, bir şekilde verildikten sonra olumlu ya da olumsuz bir sürece de girilse rahatlık hissi verir.

Olasılığı yüklenmek, gerçekle yüzleşmekten çok daha güç ve zorlayıcı bir tercih.

Çoğu kişi, zor bile olsa kendini olasılıkların baskısından ve tehdidinden kurtararak zorlayıcı bile olsa bir karar verip uyguladığında kendini hafiflemiş ve özgür hisseder. Çünkü daha önce de dediğimiz gibi kaygıyı ve gerginliği yaratan etken, bilinmezliklerdir.

İhtimallerin insan üzerinde kurduğu hâkimiyet stres, kaygı ve anksiyete yaratır.

Sis perdesi iyi veya kötü bir şekilde ortadan kalktığında gerçek duygular ayrışmaya başlar.

Gerçeklik en fazla somut bir korku yaşatırken, kaygılar ihtimallerin endişesiyle insanı yıpratır, köşeye sıkıştırır.

Özgürce gerçeklerle yüzleşmek ve bunun sonucuna katlanmak, bir olasılığın ya da bir belirsizliğin baskısıyla psikolojik sorunlar yaşamaktan daha zor değil...

Pek çok seçenek karşısında karar vermek keşke yazıldığı kadar kolay olsa ancak nihayetinde insanız.

Hayatın kesin kuralları yok. Ancak kendi kişiliğimizin sınırları kadar sağlıklı, huzurlu ve hayatla barışık yaşamamız mümkün. Neye hayır neye evet diyeceğinizin kararını verebilme becerisi olgunluk gerektirir.

Peki insan ne zaman olgunlaşır?

Açıkçası bunun bir saati ya da yaşı yok.

Çünkü kişiliğin inşası hayat boyu anbean devam eden bir süreç...

Her gün, hatta her an kişiliğimizi yeniden ve yeniden inşa ediyoruz.

İşte bu yüzden deneyimler çok değerli...

Denemekten de denenmişi masaya yatırıp dersini almaktan da kaçmamak, korkmamak lazım...

Hayat ancak yaşandıkça, tecrübe edildikçe öğrenilir. Kaçarak ve saklanarak değil.

Olgunluk da deneyime açık olmak, denenmişten verimli sonuçlar çıkarabilmektir işte. Özgür bir yaşamın zenginliklerini keşfetmenin mucizesine tanıklık etmek istiyorsanız hayat yolunu kendi seçimlerinizle yürümeniz gerekir. Kimlerle arkadaşlık kuracağınıza, kimleri özel hayatınıza alacağınıza, nasıl bir işte çalışacağınıza, fikirlerinizi özgürce nasıl ifade edebileceğinize, hedeflerinize, yaşam tarzınıza, ideolojilerinize hepsine kendiniz karar verirsiniz. Bunu düşünmek endişe verici olabilir ama denemek korkutucu olamaz.

6. Sevilme Kaygısı Yaşayanlar

Her canlı bakıma muhtaç doğar. İnsan da, hayvan da...

Beslenme, barınma, güvenli kollarda huzur hissetme ve sevilme ihtiyacı doğamızda var.

Tüm fizyolojik ve güvenlik ihtiyaçlarımız anne babamız ya da bakımımızdan sorumlu kişiler tarafından karşılanır.

Peki hayati ihtiyaçlarımız karşılanırken, sevgi ihtiyacımızı da beraberinde yeterince doyurabiliyor muyuz?

Karşılıksız sevgiyle mi büyütülürüz yoksa koşullu bir sevgiyle mi?

Koşullu ve koşulsuz sevginin ayrımını çocuk aklımızla yapabilir miyiz aslında?

Neler öğreniriz kişiliğimizin tohumlarının atıldığı o önemli dönemde?

Bir bitkinin güneşe, suya ve toprağa nasıl ihtiyacı varsa insanın da ruhsal olarak sevilmeye, kabul görmeye, beğenilmeye ihtiyacı var.

Bizi yetiştirenlerin halleri, tavırları, yaklaşımları, kullandıkları sözcükleri, davranışları hepsi şüphesiz ki kişiliğimizi etkiler.

Ait olma ve sevgi ihtiyacı yeterince karşılanmamış çocuklar yetişkin olduklarında ilişkilerinde sağlıklı duygular geliştiremezler.

Büyük sorun şu ki ilerleyen yaşlarında ilişkilerinde sıkça sorun yaşayanların hiçbiri bu sorunların temel nedenlerinin çocukluklarında yattığını ve bu örüntünün o dönemde kurulduğunun farkında bile olmazlar.

Çocukluğunda yeterince sevgi görmemiş yetişkinler için kendileri dışında herkes hatalıdır, düzeltilmesi gereken hep başkalarıdır, kendileri daima haklıdırlar. Dünyayı suçlayıcı bu tavırlarının temelinde sevilme ve kabul görme ihtiyacı vardır.

Savaş alanına dönmüş, çatışması ve meydan okuması bol ilişkilerin de perde arkasında aynı duyguların gizlendiği söylenebilir pekâlâ.

Bebeklikten itibaren ihtiyaç duyduğumuz, şanslı olanlarımızın erişebildiği ama ulaşamayanların da sayıca hiç de az olmadığı bir duygudur sevilme ve kabul görme arzusu... Çevrenize şöyle bir bakın. Onaylanmaya ve sevilmeye arzu duyan ne kadar çok insan göreceksiniz.

Anne babası tarafından terk edilmiş bir çocuğun mutluluğu suça bulaşmış insanların arasında aramasının nedeni ne olabilir?

Ya da televizyonlarda onlarcasına denk geldiğimiz yarışma çılgınlıklarına dahil olup başkalarının gözünde bir nebze de olsa sevilme hissini tatmak için uğraşanlar sizce neyin peşindedir ki? Sevilme ihtiyacı karanlık bir kuyudur. Çocuk yaşta açılan ve zamanla giderek derinleşen karanlık bir kuyu...

Kuyunun içini doldurmak için yaşam boyu ne gerekiyorsa ve ele ne geçiyorsa fütursuzca fırlatılır o boşluğa. Hayır diyemeyenlerin çoğunun en büyük kaygısıdır sevilmemek. Onlar hep birilerini kaybetmekten, kırmaktan, üzmekten korkarlar ama temelde en büyük korkuları karşısındaki kişi tarafından sevilmeyeceğine şartlanmasıdır.

Onun düşüncesine göre hayır dediğinde herkes sırtını dönecektir ona, ulaşılamaz hale gelecekler, iletişimlerini kesecekler, bir daha yüzünü bile görmek istemeyeceklerdir. Sevilmeme ve kabul görmeme korkusu öylesine derindir ki sadece hayır dediği için bir daha hiçbir şeyin eskisi gibi olmayacağı kaygısına kapılır. Bu yüzden ne kadar zor da olsa, yapmayı hiç istemese bile hatta zor durumda kalmayı dahi göze alarak çaresizce evet der. Sizin de hayır diyememek konusundaki en büyük motivasyonunuz sevilme ihtiyacınız olabilir mi acaba? Yeri gelmişken sevginin ne olduğu ve ne olmadığı üzerinde duralım o halde.

"Sizce sevgi nedir?" diye sorulsa herkesin muhakkak kendine özgü bir sevgi tarifi olduğunu görürüz.

Dolayısıyla sevginin basit, somut ve gerçek tarifini yapmak hiç kolay değil...

Ancak temel olarak "bir kişiye ya da varlığa geliştirdiğimiz yakınlık ve bağlılık duygusu" diye tarif edilebilir.

İlgi duygusu, gönülden bağlı olma, derin dostluk ve sevecenlik duygusu gibi farklı tanımlar da yapılabilir.

Sevginin ne olduğunu söylemek güç olsa da neyin sevgiyle ilgisi olmadığını ya da neyin sevgiye düşman olduğunu belirlemek mümkün...

İçinde dayatma, baskı ve zorlama olan her duygunun deneyimlenmesinde sorun vardır aslında.

Sevilmek için dayatma göstermek, bu hisse karşı bağımlılık ve yoğun ihtiyaç oluşturmak, sevilme deneyimini yaşamak için duygusal veya fiziksel zorlamalar ve baskılar oluşturmak muhakkak ki sağlıksızdır.

Kontrolsüz sevilme arzusu, kaygı, anksiyete, kaybetme korkusu gibi olumsuz; saplantı, bağımlı kişilik gibi psikolojik sorunlara yol açar.

Kişi, çocuklukta eksik ya da koşullu olarak aldığı sevgiyi çeşitli mekanizmalarla elde etme ve bu eksikliği tatmin etme yollarına düşer. Bu ruhsal arayış, başka insanlar tarafından onaylanma ve sevilme amacıyla istemediği durumların içine girmesine neden olan çeşitli dürtüler yaratır.

Mesela sevgiyi elde etmek için aşırı fedakârlıklarda bulunur, kendinden vazgeçer ve sınırların kaybolduğu bir dünyada hayır kelimesini sözlüğünden söküp atar. Bir çeşit bağımlılıktır bu. Sevilmeme düşüncesinin yarattığı kaygının getirdiği ve kişinin kendinden vazgeçtiği andır. Sağlıksız düzeyde sevgi açlığı çeken kimseler hayır demekte en çok zorlanan insanlardır. Çünkü yalnızlık, reddedilmek, toplumdan uzaklaşmak, dostsuz kalmak acıtıcıdır ve keskindir. Talep edilme ihtiyacının ortadan kalkması korkutucudur.

Gerçek sevgi kendini ifade etmek için zorlamaya ihtiyaç duymaz. Eğer biri tarafından sevilmek için kendinizi paralamak zorunda hissediyorsanız muhtemelen gerçek sevginin ne olduğu konusunda yanlış öğretilere sahipsinizdir ki bu yüzden "Ne olursa olsun kendinde olanın hep daha fazlasını sun karşındaki insana" düşüncesine hapsolursunuz.

Şimdi düşünün bakalım, kendinizde olanın daha fazlasını hiç düşünmeden başkalarına sunduğunuz halde, fedakârlıklarınızın haddi hesabı olmadığı halde, kendinizi başkalarının mutluluğuna adadığınız halde neden hâlâ mutsuzsunuz?

Neden sevip sevilmediğinizi hissediyorsunuz?

Çok sevdiğiniz halde hakkınız olan sevgiyi neden yaşayamadığınızı düşünüyorsunuz?

Çünkü siz de bütün bunları sevdiğiniz için yapmadınız.

Her ne kadar bütün emekleriniz sevgiden ileri gelmiş gibi görünse de aslında içsel olarak sizi motive eden en güçlü dürtü, korkularınızdı.

Aşırı şefkatli ve iyi niyetli davranma çabanızın altında hangi duyguyu barındırdığınızı bulmaya çalışın.

Hayır diyemediğiniz insanlar farklı olabilirler ama hepsinde sizi evet demeye iten motivasyonun üzerindeki perdeyi kaldırın.

Yüzleşmek istemediğiniz, geriye ittiğiniz, kendinize itiraf edemediğiniz her şey size özgürlük getirecektir. Çünkü ancak zayıflıklarınızla ve zaaflarınızla yüzleşerek büyür ve olgunlaşırsınız. Aksi takdirde yaşadığınız bu kısırdöngüde sadece özneleriniz değişir ama hissettiğiniz mutsuzluk ve hüsran hep yerinde kalır.

Sevilmenin sınırları bulanıktır. Ne kadar çok sevdiğimizi ya da ne kadar çok sevilmek istediğimizi tarif edebiliriz ama sınırları belirlemek konusunda hatalara düşebiliriz. Perdenin arkasındaki korkular bize ait değillerdir, çoğunu çocukluk döneminde ya da kişiliğimizin inşa edildiği gençlik zamanlarımızda emanet almışızdır. Tıpkı sahte paralar gibi... Gerçek olmayan bir servetle gerçeklikler satın almaya çalışırız.

Terk edilme korkusu, alay edilme korkusu, yalnızlık korkusu, suçluluk, içteki iyi insanı koruyamama korkusu, onaylanmama kaygısı gibi...

İlişkilerimizde de sahte paralarla alışveriş yapmaya çalışır, karşılığında gerçeklikler satın aldığımızı sanırız. Oysa sahici ilişkilerde gerçek sevgi hiçbir bahaneyle alınıp verilemez.

Neden Bazılarına Hayır Demek Zordur?

Küçük bir çocukken hayır demek ne kadar da kolaydı bizim için öyle değil mi? Ağzımıza zorla tıkılan mamaya cesaretle itiraz ediyor, bizi engelleyen her şeyi yıkıp geçiyor ve özgürce kendi dünyamızın sınırlarını keşfediyorduk.

"Oraya sakın dokunma!" ikazları bile bizim için boş bir laftan ibaretti sadece, biz yine de gidip yasaklı bölge neresiyse oraya dokunuyorduk. Ancak yaş aldıkça sınırlarımız çoğaldı, Hayır dememiz zorlaştı. Korkular, otorite, kaybetme endişesi, yalnızlık, kurallar sardı dört bir yanımızı. İstemeden de olsa dilimizden dökülen evetler çoğaldı.

Mutluluk kumbaramızdan harcadıkça harcadık ve nihayetinde eksiye düştük.

Herkesin hayatında özel insanlar vardır ki onlara hayır demek her zaman çok da kolay olmayabilir.

Peki o zaman ne yapacağız?

Sınırlarımızın sevdiklerimiz tarafından ihlal edilmesine izin mi vereceğiz?

Hayır!

Ayrıca sevdiklerimiz dışında da öyleleri vardır ki farkında olmadan savaş halindeyizdir onlarla ve hayır demekte epey zorlanırız. Zira onların psikolojimiz üzerinde de ciddi etkileri vardır.

Piranhaları düşünün mesela. Suya düşen her parça eti nasıl da bir anda yok ediveriyorlar değil mi?

İşte bazı insanlar da vardır ki et yemekten hoşlanırlar adeta.

Hayır demekte zorlandığınız insanların listesini yapın. "Bende kredisi sonsuzdur" dediklerinizi özellikle yazın.

Kimin sizi hangi tarafınızdan yakaladığından emin olun.

Spesifik durumlar hariç sizden sürekli taleplerde bulunanlar yanınıza yaklaşmak için çeşitli stratejiler bulurlar.

Bazılarına yakından bakalım:

Kibarlar: Tabii ki zarafetlerini ve kibarlıklarını birer silah olarak kullanırlar ve taleplerini yerine getirmeniz için size ustaca yaklaşırlar.

Onlara hayır demek sizi adeta kabalaştıracakmış gibi hissedersiniz. Çünkü öylesine kibardırlar ki onları reddetmek olsa olsa kabalık olur, ayıp olur.

Her zarafete karşılık vermek gerekir mi?

Tabii ki hayır...

Kibar bir talep, kibarca reddedilebilir.

"Senin kadar duyarlı bir insanın yaşadığım bu zor durumda beni yalnız bırakmayacağından eminim. Bunu zaten sadece senden isteyebilirim. Bana yapacağın bu yardımı hayatımın sonuna kadar unutmayacağımdan emin olabilirsin. Ömrümce minnettar kalacağım sana. Yardım elini benden esirgemezsin değil mi? Senin ne kadar güçlü ve iyi kalpli biri olduğunu biliyorum. Sen de aynı yardımı benden isteyeseydin, gözümü bile kırpmazdım."

Böylesi bir yaklaşımla baş etmek hiç de kolay değil gibi görünüyor değil mi?

Hayır dediğiniz an, dünyanın en zalim, en sevgisiz, en merhametsiz, en anlayışsız insanıymışsınız gibi hissedeceksiniz kendinizi...

Oysaki sınırlar herkes içindir.

Yapamayacağınız şeyler konusunda kimse sizi vicdanınızla baş başa kalmaya zorlayamaz.

"Senin için elimden gelen her şeyi yapacağımdan emin ol. Ancak bu konuda sana yardım etmem mümkün değil" demek dürüstlüğünüzün bir göstergesi olur ancak.

Duygusallar: Bu tipler öyle hassastırlar ki sanki ağzınızdan çıkacak hayır kelimesini duymak bile ölümle eşdeğerdir. Onu geri çevirdiğinizde birinin hayatını altüst etmişsiniz gibi hissedebilir, bu yüzden vicdan azabı çekebilir, kendinizi suçlayabilirsiniz ama dürüstçe sarf edilmiş hiçbir hayır, başkasının hayatını karartmaz.

"Beni reddedersen hayatımda hiçbir şey bir daha eskisi gibi olmaz. Ben en çok sana güvenerek çıktım bu yola. Sen yoksan ben mahvoldum demektir. Bana olan sevgine ve yakınlığına öyle güveniyorum ki, seni kendimden ayrı düşünmedim hiçbir zaman. Bunu benim için yapacağından eminim... Yoksa herkese karşı güvenimi yitireceğim. Bir daha asla kimseye dostluk kapılarımı açmayacağım..."

Üstüne üstlük gözleri bile dolar konuşurken.

Her sözünde fazlasıyla samimi bile olabilir.

Sarf ettiği her duygu, her söz tamamen gerçekti diye düşünelim mesela.

Ona gerçekten yardım etmek istiyor musunuz, istemiyor musunuz?

İşte bütün mesele bu...

Ona yardım etmek sizi zora düşürecekse, aslında içten içe "Keşke bu teklifi bana hiç yapmamış olsaydı" diye düşünüyorsanız, bütün bunları duymamış olmayı tercih edecek kadar olayların dışında kalmayı arzu ediyorsanız bunu ifade etmekte neden zorlanasınız ki?

Önce kendinizden sorumlusunuz.

"Benden habersiz, bana güvenerek birtakım kararlar alman ve uygulaman doğru değil, biliyorsun değil mi? Sevgine her zaman güveneceğim, benim için her şey hep eskiden olduğu gibi olacak ama bu konuda yanında olamam."

İşte hepsi bu kadar...

Muhtaçlar: Ah işte bunlar bamtelinizi titretirler. Mağduriyetleri asla bitmez. Sürekli kurban rolünde oldukları için yerli yersiz bir dolu beklentiyle karşınıza çıkmaktan hiç çekinmezler. Çünkü onlar hep ama hep zor durumdadırlar.

"Ailemden beklediğim para yardımını alamadım. Borçlarım birikti. Faturalarımı bile yatıramıyorum, dağılmış durumdayım. Bir dahaki ay borcumu kapatmaya çalışırım. Yeni bir iş görüşmesine gidiyorum, yarın belki avans verirlerse daha da hızlı öderim sana borcumu."

"Bu kez olmaz. Ben de zor durumda kalıyorum" demeniz yeterli olacaktır.

Emrivakiciler: En can sıkıcı olanlar emrivakicilerdir. Ne durumda olduğunuzun bir önemi yoktur onlar için. Uygun musunuz, değil misiniz, size karşı ayıp olur mu olmaz mı hiç önemli değil... Vereceğiniz cevabı bile beklemeden üzerinize bir dolu iş ve sorumluluk bırakıp çoktan toz olup giderler. Ne olduğunu anlamazsınız bile. "Eh mecburuz artık" deyip boynunuzu eğmek zorunda olduğunuzu düşünürsünüz.

Bu tip stratejistlere açıklama yapmak bile gerekmeyebilir aslında. Kendinden başka kimseyi düşünmeyen, bencillikte sınır tanımayan, kimseye saygısı ve anlayışı olmayan birini hayatınızdan çıkarmakta zorlandığınızı söylemeyin lütfen.

Gücünü kullananlar: Bu grup riskli... Burada eşiniz, patronunuz, sevgiliniz, çocuklarınız, aile bireyleriniz yer alabilir zira.

Duygusal olarak ya da ast-üst ilişkinizden dolayı karşınıza "dediğim dedik" tavırlarıyla gelebilirler. Sizi istemediğiniz durumların içine sürüklemekte hiçbir sakınca görmezler. Onların bu tutumunu bir meydan okuma gibi görmediğiniz sürece sorun kolayca çözülebilir. Meydan okuma sizi öfkelendirir. Bir tür düelloya davet edildiğiniz hissine kapılabilirsiniz ki kendinizi manasız bir çekişmenin ya da kavganın içinde bulabilirsiniz.

Onlar sadece dediklerini yaptırabilmek için üzerinizde kurabilecekleri hâkimiyetin sınırlarını zorluyorlar. Bu bir meydana okuma ya da savaş çağrısı değil.

Sınırlarınızın ne olduğu konusunda kararlı olmanız yeterli...

Manipülatörler: Onların yüzünde iyilik maskeleri vardır ancak tek dertleri çıkarları için sizi bir şeylere zorlamaktır. Bu yolda ilerlerken bir süre sizi yanıltıcı davranışlar sergileyebilirler ve gerçekleştiremeyecekleri vaatlerde bulunabilirler.

Bir kişilik bozukluğu özelliği olan "manipülasyon" narsis insanların sıkça kullandığı araçlardandır. Hayır kelimesine alışkın olmadıkları için küsmek, konuşmamak, trip atmak, arkanızdan konuşmak gibi pek çok can sıkıcı davranışlar sergileyebilirler.

Çıkarına ters düştüğünüz için size bütün bunları yapabilecek cüreti gösteren insanlara hayır diyebildiğiniz için kendinizi çok özgüvenli, kararlı ve değerli hissedin lütfen.

Israrcılar: Bazılarına laf anlatmak deveye hendek atlatmaktan güçtür. Onlar sizin verdiğiniz hayır cevabına başka cephelerden savaş açmaya devam ederler. İsterler de isterler. Ta ki siz evet deyinceye kadar...

Suçluluk uyandırmaya çalışırlar, dostluk, arkadaşlık gibi kavramlarla içinizdeki hassas noktaları ve değerleri oymaya kalkışırlar.

Çoğu zaman ısrarlarından yorulduğunuz için evet demekten başka çarenizin kalmadığını düşünür, hiç istemediğiniz halde olmadık şeyler yaparken buluverirsiniz kendinizi.

Kültürümüzde ısrarcılık baskın bir niteliktir. Özellikle misafirliklerde çokça karşımıza çıkar ısrarcılar.

Tok olmanıza rağmen ağzınıza tıkılan yemekler ısrarcı kişilik yapılarının bir göstergesidir aslında. Yarın öbür gün sizi çok daha zor durumda bırakacak konularla ilgili ısrar etmek üzere kapınıza dayanmaları an meselesidir. Gözünüzü açık tutun. Israrcılar sadece sofrada değil, hayatın içinde de aynı refleksi gösterirler.

Önceleri zorla baklava yedirirler. "Ellerimle yaptım, Allah aşkına tadına bakmadan yollamam seni. Yiyeceksin de yiyeceksin. Yoksa ahirette bile iki elim yakandadır."

Sonra ısrarla yatıya bırakırlar sizi, sonra ısrarla birileriyle tanıştırırlar, sonra ısrarla birileriyle aranızı yapıp evlendirmeye bile kalkarlar, ısrarla hayatınızın bir köşesine köklenmenin yolunu bulurlar.

Dolayısıyla hayır derken asla tereddüt göstermemeniz gereken insan tipleriyle karşı karşıya olduğunuzu söylemek mümkün...

Denetleyiciler: Onlar "Evet Cumhuriyeti"nin başkanıdırlar. Onlar hayıra tahammül edemezler ve her an tepenizde dikilip sizi yönlendirmeye çalışırlar. Ne mi yaparlar?

Saymakla bitmez ki...

Ama deneyelim:

- Sizi suçlu hissettirirler.
- Öfkelendirirler.
- Korkuturlar.
- Kendi taleplerini dayatacak bir stratejileri mutlaka vardır.

- Sizi kışkırtırlar.
- Makul bir kişilik profili sergilemeye çalışırlar.

Bu tip insanlarla beraberken kendinize şu soruyu sorun: *"Onunla beraberken kendimi nasıl hissediyorum?"*

Bu sihirli bir sorudur ve kendimize unuttuğumuz bazı şeyleri hatırlatır.

Bir bahçe kuruyor olsanız ekeceğiniz çiçekleri seçerken ne kadar da özenli davranırsınız ama değil mi?

Mor menekşeler, pembe güller, beyaz papatyalar... Hepsi farklı güzellikte, farklı renklerde ve kokularda...

Bahçenize dadanan yabani otlar güzelim çiçeklerinize zarar verebilir endişesiyle zaman zaman temizlik yaparsınız, zararlı otları bahçenizden uzaklaştırırsınız.

Hayatınız da sizin en güzel bahçeniz... Zararlı otları tamamen söküp atabilmek mümkün olmasa da onların size verebileceği hasarı azaltabilmek adına hayır demek ve sınırlarınızı belirlemek sizin elinizde.

Ne sunduklarına dikkat edin!

Size sevgi, saygı, beğeni, takdir sunuyor olabilirler. Hatta para, çeşitli etiketler ve unvanlar bile serebilirler ayaklarınızın altına. Neyin alışverişi içinde olduklarının farkında olun. Karşılığında ne ödemeniz gerekeceğini bilin.

Bu sunumların cazibesine karşı koymak her zaman kolay olmayabilir ancak sonuçlarına katlanmak zorunda kalacağınız ağır getirilerini de hesap etmeniz gerekir.

Bir gün sizi siz olmaktan vazgeçirebilecek bir seçimle yüz yüze kalabilir ve evet demek zorunda kalabilirsiniz. Yaşam bahçenizin bahçıvanı olun. Çiçeklerinizin solmasına izin vermeyin. Size çeşitli stratejilerle yaklaşmaya çalışanlara karşı uyanık olun. Unutmayın ki hayır demek nezaketsizlik değildir.

Hayır demek kendinize karşı olan saygınızı, gücünüzü, varlık ve benlik alanınızı korumaktır. Zamanında söylenmeyen hayırlar büyük zararlara yol açar.

Duygusal Zorbalık

"Yumuşak başlı pek çok kişi, tehlikeli veya suiistimalci bir ilişki içinde olduklarını çok geç fark eder. Ruhsal ve duygusal radarları bozulmuş, kalplerini koruyacak yeteneklerini kaybetmişlerdir."

Henry Cloud

Zorbalık, çocukların ve gençlerin dünyasından bildiğimiz bir kavram olsa da hemen hemen hepimizin hayatında bir yerlerde karşımıza çıkıyor.

Psikolojik şiddetin bir davranış çeşidi olan zorbalık özellikle ast-üst ilişkileri söz konusu olduğunda ya da karşılıklı olarak bir güç dengesi sağlanamadığında başvurulan yollardan biri olabilir.

Çeşitli konulara yönelik olarak sürdürülen zorbalıkta amaç, hedefe konulan kişiyi baskı altına almak ve isteklerin yerine getirilmesi için ezmeye çalışmaktır. Bir zorbaya hayır demek hiç de kolay olmayabilir. Özellikle yöneticiniz veya patronunuzsa kâbus dolu günler yaşıyor olabilirsiniz.

İşinizi ve kazancınızı kaybetme riskiniz yüzünden iradenizi onların ellerine telim edebilir, sınırlarınızın ihlal edilmesine göz yummak zorunda kalabilirsiniz. Zorbalığa her an, her yerde rastlamak mümkün... Okulda, işte, aile içinde, mahallede, sitede, apartmanda, sosyal hayatta, kafede, restoranda, sokakta, durakta... Her yerde...

Zorbalık, kendini size dayatan insanların sizi bir yerde yok saymasıdır.

Ne fikirlerinizin ne de seçimlerinizin bir önemi vardır onlar için. Dediğim dediktirler. Ayrıca her isteklerini kendilerince haklı olduklarına inandıkları türlü yöntemlerle ısrarla yaptırırlar. Hatta zorlarlar bile. Bu yolda fiziksel ve sözlü tacizden dahi çekinmezler.

Hiçbir zorbalığı kabul etmek zorunda değilsiniz.

Kendinizle ilgili geliştirdiğiniz birtakım yetersizlik duygularına sahip olabilirsiniz.

Hangi konuda kendinize güvenip güvenmediğinizden emin olmanız çok değerli...

Çünkü sırf bu yüzden bile hayır demekten kaçıyor olabilirsiniz.

Yetersizlik duygusuna sahip olup olmadığınızı anlamanızın en kolay ve güvenilir yolu seçimlerinizi, onaylarınızı izlemektir kuşkusuz.

Neyi kolayca onaylıyorsunuz dikkat edin mesela.

Neyi kolayca kabulleniyorsunuz?

Belki bir eğitime gidiyorsunuz ve hocanızın o konuda uzman olduğunu düşünüyorsunuz. Sizden istediği her şeyi yapıyorsunuz ama içten içe birçok şeyi de sorguluyorsunuz. Cevaplarınız yeterince berrak değil... Aslında eğitimden tam anlamıyla tatmin olmuyorsunuz. Bu konuda kendinizi yetersiz bulduğunuz için hocanın her ödevini ya da pratiğini uygulamak zorunda hissediyorsunuz. Yani aslında yetersizlik hissinizden dolayı yapmak istemediğiniz şeyleri reddetmek konusunda korkak davranıyor olabilirsiniz.

Belki bir ortağınız var, onun bir şekilde isminizi lekelemesinden ya da size para kaybettirmesinden çekiniyorsunuz. Aslında bu ortaklığın içinde kendinizi güvende hissetmiyorsunuz. Yetersizlik hissinizden dolayı kolayca maniple ediliyor olabilirsiniz. Unutmayın ki zorbalar, başkalarına maddi manevi zarar vermek ve kötülemek konusunda oldukça cesaretlidirler. Kapana kısıldığınız hissine kapılarak isteklerinizi ifade etmek konusunda cesaretiniz kırılmış olabilir.

Zorbaların hedefinde genellikle kendisinden daha güçsüz ya da bazı kişilik bozukluklarına sahip kişiler vardır.

Burada "güçsüz insan" derken ne demek istediğimizin üzerinde duralım biraz. Güçsüz insanı tanımlamak için pek çok tarif yapılabilir. Zayıf karakterli, olumsuz pek çok kişilik özelliğine sahip ve değerlerden yoksun bir insan için de güçsüz insan denebilir. Ama zorbalığa maruz kalan "güçsüz insan" tanımı bunlardan farklıdır.

İnsan olarak her birimiz özel ve eşsiziz. Ancak bazılarımız diğer insanlar tarafından yönlendirmelere daha açık ve savunmasızdır. Onlar kendi fikirlerini söyleme ve arkasında durma cesaretinden çeşitli nedenlerden dolayı yoksundurlar. Manipülasyona daha açık, daha kolay ikna edilebilir bir karaktere sahiptirler. Kendilerine güvenleri yoktur, kararlarını verirken başka insanların fikirlerine bağımlıdırlar. Bu sayılan şeyleri birer kişilik özelliği olarak taşıyor olabiliriz. Ancak bazı kişilerde bu durum kişilik bozukluğu düzeyinde de seyredebilir.

Zorbalar, çabuk öfkelenme, saldırganlık ve güç kullanma gibi davranışlara yönelebilirler ve bu davranışlar güçsüz yapıdaki birinin daha da çekingen kalmasına neden olabilir.

Burada bir kısırdöngünün altını da çizmek gerekir. Zorbalar çekingen insanlar üzerinde kolay bir denetim sağlayabildikleri gibi, özellikle genç yaşlarda uzun süreli zorbalığa maruz kalan bir kimsede çekingenlik ileri düzeylerde seyrederek çekingen-kaçıngan kişilik bozukluğuna neden olabilir.

Nedir çekingen-kaçıngan kişilik bozukluğu bakalım.

Diğer insanlarla iletişime girmekte zorlanan çekingen-kaçınganların temel duyguları aşırı utangaçlık, yetersiz ve değersiz hissetme, reddedilmeye karşı aşırı hassaslıktır. Toplum içinde bir şey yapmaktan veya olumsuz değerlendirilmekten utanırlar ve özgüven eksikliği yaşarlar. Bu kişiler için reddedilme ve kaybetme duyguları çok acı verici olduğundan genelde yalnız kalmayı tercih ederler. Sosyal yaşamda ve özellikle de iş yaşamında oldukça zorluk çekerler.

Çekingen kişilik bozukluğuna sahip kimselerin öne çıkan kişilik özelliklerinden birisi de pasif olmalarıdır. Halihazırda kurmakta zorlandıkları ama bir şekilde bağ kurdukları insanlarla olan iletişimlerinde kabullenen ve uyum sağlayan edilgen bir tutum sergilerler. İsteklerini ifade edemezler. Olumsuz bir tepkiyle karşılaşmamak adına hayır diyemezler, kendi istek ve kararlarını söyleyemezler. Reddedilmemek için geliştirdikleri aşırı duyarlılıktan dolayı onlardan isteneni yaparlar. Bu durum öyle bir hal alabilir ki kendilerini bile tamamen silebilirler ve kendilerinden büyük tavizler verirler.

Onlar için reddedilmenin korkutucu ihtimalinden kaçmanın bir yolu sosyal ortamlardan uzak durmaktır ancak sosyal hayata dahil olduklarındaysa artık sınırlar onlar için kaybolmuş demektir. Zaten sınır tanımaz bir zorbanın çekingen kişilik bozukluğuna sahip bir kimse üzerinde saltanat kurması pek de zor olmaz.

Bir zorbanın üzerinde kolaylıkla hâkimiyet kurabileceği kimselerden bir diğeri de bağımlı kişilik bozukluğu taşıyanlardır. Önceki bölümlerde anlattığımız gibi bağımlı kişi, boyun eğicidir. Tek başına hayatta kalamayacağına kendisini ikna etmiş bağımlı kişilik, kendisiyle ilgili kararları başkalarının almasını bekler. Edilgen bir yapıda olduklarından hayır demekte zorlanırlar.

İster birer kişilik özelliği olarak ister kişilik bozukluğu olarak yerleşmiş inanç, davranış, strateji ve duygulanımlar zorbalar tarafından işlerine geldiği gibi kullanılabilir ve maniple edilebilirler.

Siz olaylar büyümesin diye sessiz ve tepkisiz kaldığınız sürece duygusal zorbalar, üzerinize daha da fazla geleceklerdir. Her durumu kabul ediyor ve tolere edebiliyor olmanızla beslenerek, güç alacaklardır.

Bir duygusal zorbanın psikolojisine yakından bakmak ister misiniz?

Duygusal zorbaların her davranışlarının altında çeşitli psikolojik nedenler yatıyor olabilir. Bu nedenler arasında şunlar sayılabilir:

- Ailesinde fiziksel ya da duygusal zorbalığa maruz kalmış olması.
- Saldırgan ve dürtüsel bir kişilik yapısına sahip olması.
- Kendini güçlü ve iyi hissetme isteği.
- Empati kurma yeteneğinden yoksun olması.
- Sosyal ve iş yaşantısına kendini kabullendirme çabası.
- Sosyal beceri ve iletişim kurmada yetersiz olması.
- Kendini kanıtlama çabası.

Konuyla ilgili yapılan bazı psikolojik araştırmalar, duygusal zorbaların mutsuz insanlar olduklarını ortaya koyuyor.

Zorbalar, başarısız olduklarını düşünürler ve özgüvenleri zayıftır. Bu yüzden hedeflerinde de yerinde olmak istedikleri insanlar vardır.

Duygusal zorbalar, isteklerini gerçekleştirmek için karşısındakini fazlasıyla zorlarlar.

Ağır işler yükleyebilirler. İstenmedik durumlara maruz bırakabilirler.

Giyiminizi, tavırlarınızı, hareketlerinizi bile sürekli kontrol altında tutmaya çalışırlar.

Bir Duygusal Zorbaya Hayır Demenin Yolları:

- Zorbalıkla bir şeyleri yapmaya zorlandığınız durumlarda karşınızdakini açıkça uyarın, sınırlarınızın zorlandığını ifade edin.
- Karşınızdaki kişinin kullandığı yolları çözüm aracı olarak görmeyin. Öfkenizi kontrol edin, sakin ve nazik olun.
- Sistematik olarak süregelen bir duygusal zorbalığa maruz kalıyorsanız, hayatınızdan çıkarın.

Eğer çocuğunuz bir zorbalığa maruz kalıyorsa, onun yaşadığı durumu size açıklaması kolay olmayabilir. Hatta çekingen bile davranabilir. Alay edilme korkusu, arkadaşları tarafından dışlanma düşüncesi yüzünden maruz kaldığı durumu anlatmaktan korkabilir.

Özellikle okul çağındaki çocukların maruz kaldığı bir istismar türü olan akran zorbalığından da bahsetmek gerekiyor. 1978 yılında Norveçli araştırmacı Dan Olweus tarafından kaleme alınan *Okullarda Saldırganlık* isimli kitap, akran zorbalığı konusunda bir dönüm noktasıdır.

Olweus'un yaptığı tanıma göre akran zorbalığı, yaşıtlar arasındaki bir birey ya da grup tarafından savunmasız birine karşı yapılan fiziksel ve psikolojik sonuçları olan ve süreklilik taşıyan bir saldırganlık türüdür.

Akran zorbalığında güçler dengesizdir, temelde bir arkadaşlık yoktur. Güç ve kontrol arayışı vardır ve ortada problem çözmeye yönelik bir çaba bulunmaz.

Akran zorbalığının alt türleri fiziksel, duygusal ve sosyaldir.

Fiziksel zorbalık: Vurmak, itmek, başkalarının eşyalarını zorla almak.

Duygusal zorbalık: İsim takmak, dalga geçmek, korkutmak, umursamamak, sataşmak.

Sosyal zorbalık: Dedikodu yaymak, gruba dahil etmemek.

Kaç yaşında olursa olsun, her birey maruz kaldığı her türlü zorbalıktan dolayı kendini değersiz hissedebilir. Değersizlik hissi depresyon ve kişilik bozukluğu gibi birtakım psikolojik sorunların yaşanmasına neden olabilir. Motivasyon kaybına, kronik yorgunluğa, performans düşüklüğüne, konsantrasyon bozukluğuna sebep olabilir. Bu gibi belirtiler yaşandığında bir uzmandan yardım almaktan çekinmeyin.

Aman Fırsatlar Kaçmasın: O Halde Evet!

"Becerikli bir şahinci, sadece o anki sürek avına yetecek kadar kuş uçurur."

Baltasar Gracián

Hayır deme korkunuzun altında bazı önemli fırsatları kaçırabileceğiniz ya da önemsediğiniz kapıların yüzünüze kapanacağı kaygısı yatıyor olabilir. Kaygılar, endişeler, korkular çoğunlukla ve hatta hiç düşünmeden evet demenize neden olur. Sorgulama, düşünme, zaman kazanma hakkını bile tanımayabilirsiniz kendinize. Çünkü kaçan balık her zaman büyük olur. Kaybetme kaygısı çok zaman baş edilemez bir psikolojik soruna bile dönüşebilir.

İş hayatında gelecek kaygılı biriyseniz, her teklife evet derken bulabilirsiniz kendinizi. İşinizi kaybedebileceğiniz korkusuyla üzerinize yüklenen her işi yerine getirmek zorunda hissedebilir, ağır iş yükleri altında ezilebilirsiniz.

Fırsatları kaçırma korkusu dikkat edin hayatınızı esir almasın. Parti fırsatını kaçırmamak için bütün gece uykusuz kalıp ertesi gün işe yorgun ve bitkin gittiğinizde ödeyeceğiniz bedel hiç de ucuz olmaz. Belki ucuza satın alabileceğiniz ama aslında hiç de ihtiyacınız olmayan bir eşyayı satın alırken yakalarsınız kendinizi... Önemli olan fırsatları kaçırmamak diye düşünüyorsunuzdur ne de olsa. İndirim sezonunda dolabınız hiç de lazım olmayan bir dolu kıyafetle dolup taşarken, bütçeniz fazlasıyla sarsılmış olur.

Fırsatları kaçırma korkusu sosyal medyayla birlikte hayatımızın iyice içine yerleşmiş durumda...

Hatta bu konuyla ilgili Oxford İngilizce sözlüğüne girmiş yeni bir kavram bile var...

Fomo...

Açılımı: "Fear of missing something."

Yani bir şeyleri kaçırma korkusu...

Özellikle sosyal medya aracılığıyla tetiklenen fırsatları kaçırma korkusu birilerinin bir yerlerde daha iyi zaman geçirdiğini, daha çok para kazandığını ve hayatını mükemmel bir şekilde geçirdiğini düşündürüyor.

Diğer bir deyişle, sosyal medyada daha iyi giyinen, daha çok eğlenen, daha çok kazanan, daha konforlu yaşayan, daha kolay başaran, daha çok onaylanan, daha fazla kabul görenlere bakmak, psikolojik olarak fırsatları kaçırıyor olduğu endişesine düşürebiliyor bireyi...

Sosyal medyanın kurduğu bu korkulu tuzak yüzünden çok zaman hiçbir şeye hayır diyemez hale gelinebiliyor ne yazık ki. Nasıl mı?

Öncelikle sosyal medyada sürekli başkalarını gözetleyerek harcanan zamana hayır denemiyor.

Ayrıca unutmayın ki başkalarının izini sürme hali depresif, yalnız ve işe yaramaz hissettirir.

Bu olumsuz duygulardan arınmanın en etkili yolu sosyal medyanın yoğun ve amacı dışında kullanımına hayır demekten geçer.

Kabul... Günümüzde artık gazete bile okumuyor, güncel haberleri sosyal medyadan öğreniyor, yeni insanlarla tanışıyor ve sosyal ağınızı genişletiyor olabilirsiniz. Ancak sosyal medyanın bağımlısı olmamak da değerli bir seçim. Aynı zamanda çok özgüvenli ve sağlam bir sınır... Sosyal medya kullanımınızı bilinçli şekilde denetlediğinizde kendinize saygı duyulası geniş bir özgürlük alanı var etmiş olursunuz.

Çatışmadan Kaçınmanın Yolu Evet Demek midir?

Çatışmadan kaçınmak için başkalarını memnun etme çabasına düşmüşseniz, hayır demekte zorlanıyor olabilirsiniz elbette.

Başkalarının algısında yarattığınız "geçimli insan" imajının sarsılmaması ve sevilmeme kaygılarınızdan dolayı her şeye evet demenin size huzur ve güven verdiği yanılgısına düşmüş olmanız muhtemel...

Alttan almak, uyumlu olmak toplum tarafından da onaylanmış bir davranış kalıbıdır ve sorun yaratmaktan uzak bu kalıplar iş yaşamında ve ilişkilerde de çok zaman teşvik edilir.

Anneler kızlarını "ideal eş" olarak yetiştirirken "Uyumlu ol, sesini çok çıkarma, alttan al ki evin geçimi olsun, göze batma ki uğraşanın olmasın" gibi nasihatlerde bulunurlar. Aynı şekilde babalar da oğullarına özellikle iş yaşamında fazla çıkıntılık yapmamalarını öğütler.

Başkalarını memnun etme hali iyi insan olmakla aynı şeymiş gibi algılanır çoğunlukla...

Elbette "iyi insan" olmak önemlidir ama "kendin olmak" daha da önemlidir. Çatışmalardan kurtulmak için her şeye evet demek, kısa süreli çözümlerle anlık rahatlamalar sağlayabilir.

Çatışmadan kaçınmak geçici bir çözüm gibi görünse de öfke, mutsuzluk, özgüvensizlik ve depresyona yol açar.

Ancak çatışmadan kaçınmak için söylenen her evet çok daha büyük öfke patlamalarının ve tartışmaların habercisidir aslında.

Çatışmadan kaçınmak için her şeye evet diyen kişi görünürde karşısındakinin tepkisinden korkuyor gibidir ama reaksiyonun temelinde kaybetme ve terk edilme korkusu yatıyordur aslında. Oysa çatışmak, aynı fikirde olmamak, bir konuda biriyle ters düşmek, ortak paydada buluşamamak, uzlaşamamak kesinlikle "kaos" değildir ya da bir kaosa neden olmamalıdır.

Kimse diğeriyle aynı görüşte, aynı eylemde, aynı hedefte olmak zorunda değil... Biri ötekine benzemiyor diye başkasına küsmek ya da onunla çatışmaya girmek kulağa mantıklı geliyor mu?

Hayır...

Gayet çocukça değil mi?

O halde birinin söylediğinin aksine bir görüş ve tutum içinde olduğunuzu ifade etmeniz neden dünyanın sonu olsun ki?

Kimseyi ikna etmek zorunda değilsiniz.

Ancak karşınızda özel bir tutum varsa işin rengi değişir elbette.

Mesela bir kişilik bozukluğuyla karşı karşıyaysanız ne yapacaksınız?

Karşınızdakinin amacı farklı fikirlerle medeni ve hoşgörülü şartlar altında tartışmak değildir zaten.

Öfkelenmeye, kavga etmeye hatta belki şiddete bile meyilli olabilir ki bu tip kişilik bozuklukları karşısında öncelikle bedensel sınırlarınızı korumakla yükümlüsünüz. Onun karşısında varlık ve benlik alanı yaratmak yerine, sahneden çekilmeyi tercih etmeniz, verebileceğiniz en sağlıklı karar olur.

Kimlere Hayır Demek Zordur?

"Hayatın da tıpkı bir otomobil sürmek gibi, dışarıdan içeriye değil, içeriden dışarıya doğru olduğunu anladığınız zaman çok güzel şeyler olmaya başlayacaktır."

Richard Carlson

Aile: Hayat içinde en kuvvetli bağları kurduğumuz ve koşulsuz sevgiyi tattığımız yer şüphesiz ailemizdir. Anne, baba, kardeş ve çocuklar ya da diğer aile üyeleriyle aranızda yazılı olmayan bir sözleşme vardır aslında.

Aile içindeki her bireyin hayattaki istek, motivasyon ve ihtiyaçları farklıdır. Tüm bu farklılıklara rağmen güven ve sevgi dolu aile çemberinin içinde durmak her zaman kolay olmayabilir. Aile içinde çizilen sınırları korumak oldukça zorlayıcıdır. Özellikle kalabalık ve herkesin hayata bakışının farklı olduğu ailelerde... Sağlıklı ve güçlü aile içi bağlar dürüstlük, samimiyet üzerine kuruludur. Bu bağları sarsmamak, gerçekliğine özen göstermek için de aile içinde kendinizi iyi ifade edebilmeniz, sorumluluklarınızı almanız, sınırlarınızı çizmeniz gerekir.

Anne babalar otoriter bir tavırla çocuklar üzerinde çeşitli yaptırımlar uygulamak isteyebilirler ya da çocuklar ebeveynleriyle olan ilişkilerinde birtakım sınırları zorlayabilirler. Kendi gerçeklikleriyle ördükleri bir geleceğe çocukları hapsetmek bazı ebeveynlerin düştüğü hatalardandır. Bir terzi nasıl ki bir elbiseyi ortaya çıkarmak için eline aldığı kumaşı kesip biçiyorsa, bazı anne baba tutumları bundan pek de farksız olamayabilir. Öyle ki geriye kırpılmış, ziyan edilmiş ve yaşanamamış, gerçekleştirilememiş hayatlar kalabilir.

Anne babalar bebeklikten itibaren çocukları güvenli bir hayatta tutmak isterler, onlar için bazen yersiz bir şekilde endişelenir ve kendi korkulu senaryolarını çocuklarına da aktarırlar.

Bu aşırı koruyucu tavır çocuklukta meydana gelen bir yanlış bağlanma sonucu ortaya çıkar ve bu yanlış bağlanmanın etkileri kişinin tüm hayatına yayılabilecek olumsuz davranışlar geliştirmesine yol açabilir.

Aşırı koruyucu tavır bir çocuk üzerinde nelere yol açabilir?

Fazlasıyla korunaklı, dış tehlikelerden habersiz büyüyen bir çocuk bir illüzyonun içine hapsedilmiştir. Bunu tıpkı bir süs havuzunda yetiştirilen bir balık gibi düşünün. Oysa dış dünya öyle değildir, diğer insanlar, engeller, aşması gerekenler vardır yani bir anlamda zorlu bir dünya onu beklemektedir. Ve nihayetinde korunaklı, güvenli alanından çıkmak zorunda olduğu zaman geldiğinde sert bir duvara çarpma ihtimali vardır. Çocuk aşırı korumacı tavırla bağlandığı bir aile yaşantısından çıktığında, bu bağdan kopup dış dünyanın beklentilerine kendini yeterince bırakamaz.

Çocuk için her şeyi düşünen, yiyeceği yemeği, çalışacağı işi, kuracağı aileyi, hayatta atacağı adımları hesap eden "işgalci" bu aile yapısının niyeti iyi gibi görünse de bu başka bir durumun habercisidir.

Yetişkin olmak kendi başına ayaklarımız üzerinde durabilme becerisiyle gelir. Kendi sorunlarını çözmeyen, dış dünya ile gerektiğinde mücadele edemeyen yetişkinler maddi ve manevi sorumluluk alamadıkları gibi kendilerini de gerçekleştiremezler.

Bu kısırdöngüden kurtulmak aileyle bağımlı hale gelmiş bir hayatı sınırlandırmak ve onların bekledikleri hayat senaryosuna hayır demekle mümkündür. Yetişkinliğe geçişi reddetmek, korunaklı aile arazisinden uzaklaşamamak, aynı zamanda kendinizi yaşamayı reddetmek, hayatın getireceği deneyimleri tadamamak ve potansiyelinizi keşfedememeniz demektir.

Elbette anne babaya karşı yerine getirilmesi gereken sorumlulukların olduğu aşikârdır. Onlar iyi eğitim almanız, mutlu olmanız ve kariyer hayatınızda başarıyı yakalamanız yönünde sizi teşvik de ederler ancak onların istediği gibi bir hayatı yaşamaya zorlandığınız noktada hayır demeniz kendi hayatınızın inşası için şarttır. Bu oldukça kırılgan bir zeminde yürümeye benzer, pek çok şeyi kaybetme, birilerini kırma ve üzme riskini hatırlatır size. Bu noktada onların aşırıya kaçan denetleyici tavrıyla yüzleşmelerini sağlamak aile içindeki dürüstlüğün bir gereğidir. İstemediğiniz bir şeye sırf onlar yüzünden evet demek zorunda olduğunuzu ve bundan dolayı duyduğunuz mutsuzluk ve üzüntüyle onların yüzleşmelerini sağlamanız gerekir.

Kültür ve geleneklerin yerleşik olduğu kapalı sınırlara sahip ailelerde daha sert yaptırımların ortaya çıkması olasıdır. Özel hayata dair sınırlamalar ve baskılar bu tip ailelerde çok daha sert olabilir. Özgürlük ve farklılıklara karşı tolerans kimi ailelerde daha düşüktür. Bu gibi durumlar sizin üzerinizde ağır bir yük olabilir. Değişime karşı gelişme direnci gösterdiğinizde büyük çatışmaların yaşanması söz konusudur ve bu talep aile için neredeyse tehdittir, beklentilerin ifade edilmesi kaosa ve kavgalara bile neden olabilir. Genelde otoriteyi elde tutan biri (ağabey, baba gibi) tarafından yönetilen bu tip ailelerde sınırlar kapalıdır. Herkesin sahip olduğu rolün kuralları nettir ve bu rollerin değişimine yönelik girişimlere verilen tepkiler de benzer şekilde katı ve nettir.

Aşırı kapalı bir ailede yaşıyorsanız sizin için çizilen sınırlara hayır diyebilmek, açık bir şekilde iletişim kurmak, fikir ve görüşlerinizi açık bir şekilde ifade edebilmek zor ve stresli olabilir ama ailenin buna uyum sağlaması adına bir alan açmanız, kendinizi ifade etmeniz ve anlatmanız çok önemlidir.

Geleneklere bağlı bir toplumda evlenmeye karar veren genç

bireyler düğün hazırlığından eşya seçimine kadar aile büyüklerinin yaptırımlarına maruz kalabilirler. Kültürel olarak geniş aile düzeninden henüz kopamamamız ve ayrıca birey olma konusunda yaşadığımız sorunlar başka hayatlara müdahale etme konusunda sınır ihlallerine neden olabilir. Kendi beklentilerini genç çiftlere dayatma konusunda ısrarcı olan anne babalardan beklenen onaylar zaten zor bir süreç olan yuva kurmayı daha da çetrefilli hale getirebilir.

Büyükanne, büyükbaba gibi yaşça daha büyük ve zihince daha farklı düşünen kimselerin olduğu ailelerde sınırların birbirine karışması çok daha olasıdır. Kuşak farkından doğan bazı eskimiş ya da geçerliliğini yitirmiş bazı düşünce ve davranış kalıplarıyla kendilerini var eden yaşlı aile bireyleriyle uzlaşmak bazen zorlayıcı olabilir.

Özellikle yeni evli çiftler çocuk sahibi olduklarında büyükanne ve büyükbabalar aile yaşantısına bir şekilde sızarlar. Özellikle çocuğun bakımına yardımcı olmak, yeni doğum yapmış anneye destek olmak için yeni evli çiftin yanında yer alan büyükler, bir süre sonra sınır ihlaline neden olabilir hatta daha ileriye gidip çocuk yetiştirme tarzındaki uygulamalarıyla ipleri tamamen ellerine geçirebilirler. Bu tip bir durumla karşı karşıya kaldığınızda net bir şekilde hayır demeniz hem kendiniz, hem büyükleriniz, hem de yeni yetişmekte olan çocuğunuz için kıymetlidir. Karıkoca rolünü üstlenmiş iki kişi aynı zamanda aile olmanın da sorumluluğunu üstlenmeli ve kendileri dışında aile yaşantısına müdahil olan kimselere hayır demeyi öğrenmeli, kızar mı-küser mi çekingenliğinden uzaklaşmalıdır. Sağlıklı ve sağlam bir aile ancak bu şekilde korunur.

Aileniz sınırlarınızı nasıl çizebilirsiniz? Güçlü bağları sarsmadan, ihtiyaç ve beklentilerinizi ifade edip bunların gerçekleşmesini nasıl sağlayabilirsiniz?

Öncelikle yapmanız gereken problemin ne olduğunu bulmaktır.

Kendinize sorun:

- Hayır dediğinizde ailenizle çatışmanın başladığı noktalar neler?
- Bir şey yapmak istediğinizde aileniz aşırı korumacı mı davranıyor?
- Anne babanız sorumluluklarını sizin üzerinize mi yıkıyor?
- Aileniz onların istediği mesleği seçmeniz konusunda baskı mı yapıyor?
- Evleneceğiniz ya da ilişki kuracağınız insanlar hakkında katı yaptırımlar mı uyguluyorlar?
- Ailenize isteklerinizi söylemek konusunda zorlanıyor musunuz?
- Hayatınızla ilgili yaptıkları yönlendirmelere karşı koymakta sorun mu yaşıyorsunuz?
- Aile içi ilişkilerinize karışan başkaları mı var?
- Psikolojik ve fiziksel şiddete mi uğruyorsunuz?

Bu sıralananların arasında yanıtlarınızı belirleyin. Bunların her biri başlı başına bir sorun demektir. Sizin sınırlarınızı açık bir şekilde çizememenizden dolayı ortaya çıkan sorunlar... Ancak siz sınırlarınızı korumaya devam ettikçe ve dayatılanlara hayır dedikçe başlangıçta size yöneltilen okların birer birer indiğini göreceksiniz. Kendinizin bir birey olduğunu hatırlatmanın başka kolay bir yolu da yoktur. Sizin kendinizi net bir şekilde ortaya koymanız zamanla onların da size mecburen saygı duymalarına ve kabullenmelerine yol açacaktır.

İlişkiler: Konu romantik ilişkiler olduğunda hayır diyememe riski her zaman vardır. İlişkinizi idare etmek adına pek çok zaman alttan almayı kabullenir, bazı şeyleri sineye çekersiniz. Ancak hayatın kırmızı çizgileri de vardır. Bu kırmızı çizgileri göstermekten, sesimizi çıkarmaktan korkmamamız gerekir.

Yanlış kurulmuş ilişkilerde gün yüzüne çıkan sorunları kaybetme pahasına görmezden gelmek sıkça yapılan hatalardandır. Esasında hiç de bize uygun olmayan, kişiliğimizin ve hayat tarzlarımızın örtüşmediği insanlarla çatışmalı, duygusal yönden bizi doyurmayan ilişkilerin içine hapsolabiliriz. Çocukken doyurulmayan "sevilme" kasamız açık verdiğinden bir ilişkiyi sürdürmek zorunda hissedebiliriz. Bu insanlar çoğu zaman sizin açık veren sevgi kasanızın farkındadırlar ve görünürde sizin kasanızı doldurmaya çalışıyor gibidirler ama siz onların size zarar veren hal ve hareketlerini görmezsiniz bile. Onların her istediğine evet der bazı kabullerle bu ilişkiyi hayatınıza alırsınız.

Hayır diyerek kendi alanınızı korursunuz. Bu sadece kendi alanınızı korumanız anlamına gelmez aslında diğer insanlara da kendi sınırlarını hatırlatma konusunda yardımcı olur. İnsanların kendi sorumluluklarını bilmesi, nerede durması gerektiğini görmeye ihtiyaçları vardır.

Hayır diyememek başkalarının esiri olmanızdır. Yanlış kurulan iletişim bağları sizi özgürleştirmek yerine ayaklarınıza pranga takar.

Hayır demek ilişkilerin bir saygı çerçevesine alınması demektir. Siz hayır diyemediğiniz için size saygı ve sevgi duyan insanların yüzleşmeleri gereken başka gerçekler vardır ve bu sizin sorununuz değildir. Sizi gerçekten seven ve saygı duyanlar siz hayır deseniz bile ne sıfatla olursa olsun yanınızda sizinle birlikte yürüyeceklerdir.

Bir anlamda hayır kelimesini ilişkilerinizi ayrıştırmak için bir turnusol kâğıdı gibi kullanmalısınız. Turnusol kâğıtları kimyada çeşitli maddelerin hangi özellikler barındırdığını bulmak için kullanılır. Örneğin bir aside batırdığınızda kâğıtta oluşan renk değişimi ile o maddenin hangi özellikte olduğunu kolayca anlayabilirsiniz. Kendi hayatınızda kullanacağınız hayırlar da bu şekilde bir işlev görebilirler. Hayır, gerçek iyiyi ve gerçek kötüyü ayrıştırmak için mükemmel bir araçtır.

Evlilikler söz konusu olduğunda hayır demek çok daha karmaşık bir hal alır. Çünkü evlilikte artık iki kişi yoktur "birlik" vardır ve bu bir olma durumunun getirdiği karmaşıklık neye evet neye hayır denmesi gerektiği hakkında çelişkili durumlara yol açabilir.

Evliliklerde şüphesiz iki tarafın da sorumluluklarının bilincinde, beraberce hareket etmesi gerekir. Bir tür dans gibi kimse kimsenin ayağına basmadan sürdürülen iki hayatın birleşip tek bir nehir gibi akmasıdır doğru olan. Kimin neyi, ne kadar vereceği evlilik öncesi sürdürülen tanıma döneminde her iki tarafın da belirlediği şeylerdir. Burada bir dengesizlik söz konusu olduğunda ya da evliliğin ilerleyen zamanlarında bu dengesizlik fazla veren, fedakâr tarafın isyanına yol açtığında kırılma başlar. İsyanın karşılığı yükselen öfkedir, sınırların kaybolması her iki taraf için de hayal kırıklığına yol açar. Başta bu durumu kabullenen ve diğer tarafta talebine karşılık sürekli fedakârlık gören için yıkım daha da büyük olabilir.

Mutlu bir birlikteliğin sınırları nasıl çizilir?

Mutlu birliktelikleri kalıcı ve daha sağlıklı hale getirmek için eşinizle, sevgilinizle yaşadığınız sorunu çerçeveleyin.

Sorunlar neler? Partnerinizin hayatınıza fazla müdahale etmesi mi, evde kurulan düzene özen göstermemesi mi, sizi kendi hayatının içine fazla dahil etmiyor oluşu mu, psikolojik zorbalık mı? Neler yaşıyorsunuz öncelikle sorunu netleştirin.

Sorunu tespit ettikten sonra bu sorunu yaratan temel çelişkilerin nedenine odaklanın. Yanlış şablonlarla hareket ediyorsanız sevdiğiniz insanla kurduğunuz ilişkinin arazisinde yanlış sınırlar da çizmiş olursunuz. Eğer eşiniz, sevgiliniz sizi bir ebeveyn olarak algılıyorsa sorumluluklarını size yıkması ve sizin de eş, sevgili olarak bunları üstlenmeniz gerektiği gibi yanlış bir inanca kapılıyor olabilir. Birbirinizin hayatında ne olduğunuz, nerede durmanız gerektiğini belirlemek yanlış şablonların ortadan kalkmasına yardımcı olur. Sadece sevilmek için bir ilişki sürdürülemez.

Özünüzde yatan özgüvensizlikten dolayı hayatınızda birini tutuyor olmak bir başarı da değildir. Bu tıpkı temeline saatli bomba yerleştirilmiş bir binanın içine girip oturmaya benzer. Ama zaman ilerler, takıntılar, baskılar, tartışmalar belirdikçe temeldeki zayıflıklar gün yüzüne çıkmaya başlar. Size işaret eden yerler işte bu kalıplardır aslında. Bu kalıplara sarılmak sizin takıntılı bir şekilde ısrar etmenize, büyük resmi gözden kaçırmanıza, aşırı kontrolcü davranmanıza yol açabilir.

Tespit ettiklerinizi partnerinizle paylaşın. En önemlisi de bu konuda bir çözüme ulaşmanın beraberce mümkün olduğunun altını çizin ve temelde sevgi, saygı, dürüstlük varsa eğer bu konuda desteğe ihtiyacınız olduğunu söyleyin. Bir birey olmanın ne demek olduğunu hem kendinize hem de karşınızdakine hatırlatın. Yapıcı adımlar çoğu zaman sonuç vermese de denemeye değerdir. Daha büyük bir şeyi beslemek ve büyütmek adına bunu gönülden dileyin.

İlişkinizi sürdürmek adına sahteliklerin gözünüzü karartmasına izin vermeyin. Güzel duygularla inşa ettiğiniz bir birliktelik sizin adınıza bir sömürülme aracına döndüğünde hayır demeyi bilin. Unutmayın taviz tavizi getirir. Sizin mutlu ilişkinizi korumak adına kendinizden vereceğiniz her taviz, karşınızdakinin yaşam bahçenize bir adım daha atması demektir, bir adım daha, bir adım daha... Ve özenli bahçeniz işte yok oldu.

İlişkilerde sınır çizmenin sizin için neyin kabul edilebilir ya da edilemez olduğunu belirlemek için kendinize şu soruları sorun:

- İlişkinizde hoşunuza giden ve gitmeyen şeyler neler?
- Partnerinizin hangi davranışları size saygı duymadığını hissettiriyor?
- Partnerinizin hangi davranışları size sevildiğinizi hissettiriyor?
- Hangi davranışlar karşısında mutsuz ve huzursuz hissediyorsunuz?

Bu soruların yanıtları belli başlı konu başlıkları üzerinde gezinir. İlişkide sınırların çizilmesi gereken belli başlıklarsa sizin düzenleme yapmanız gereken alanları gösterir.

Bu alanlar şöyle sıralanabilir:

Yaşam alanınız: Ortak bir alanı paylaşıyorsanız beraberce işbirliği içinde olmanız gerektiğini hatırlatın. Ev işlerinde, gelir-gider dengelerinin sağlanmasında, eksiklerin tamamlanmasında bir sınır ihlali varsa dengeyi yeniden düzenleyici şekilde harekete geçmeyi önerin.

Davranışlar: İlişki içinde saygının azalması, kullanılan dil ve kelimelerin içeriğinin olumsuz olması davranışlarla ilgili sınırların kaybolduğunu gösterir. Küsmek, alınmak, tepkisiz kalmak, yüksek sesle konuşmak, bağırmak, fiziksel şiddet sınırların yeniden çizilmesinin başlıca işaretleridir. Partnerinize davranışlarını ve bu davranışların onda yarattığı duygu ve düşünceleri ifade edin.

Kişisel alan: İki kişilik bir hayatı paylaşıyorken ayrı bir birey olarak sürdürmek istediklerinizden mahrum kaldığınızı hissettiğinizde kişisel alan sınırlarınıza giriliyor demektir. Yalnız kalmak istediğiniz zamanları yaratamamanız, kendi arkadaşlarınıza ya da ailenize zaman ayıramamanız, sosyalleşmek için kendi planlarınızı gerçekleştiremiyor olmanız size bazı ipuçları verebilir.

Mahremiyet: İkili ilişkilerde korunması zor ve sıkça ihlal edilen alanlardan birisi de mahremiyettir. Derinde kendinize daha özel bir alan açma hissi doğaldır ve bu konuda sınırlar geçirgen bir hale gelebilir. İş hayatı, arkadaşlar ya da diğer üçüncü kişilerle sürdürülen ilişkileri beraber olduğunuz insanla sürdürdüğünüz ilişkiden ayrı tutamamanız, bu konuda sürekli bir şeyleri paylaşma ve anlatmaya yönelik olarak zorlanmanız sınırlarınızın silinmek üzere olduğunu gösterir.

Sağlıklı bir ilişkinin odaklanması gereken üç temel şey yakınlık, tartışmaları sağlıklı yapmak ve ortak bir amaca inanmaktır. Sınırlar da bu odak noktalarının kaybolmaması için vardır. Mutlu bir beraberlik ancak bu şekilde sürdürülür.

Çocuklar: Tüm anne babaların en büyük arzusu başarılı, güçlü ve mutlu çocuklar yetiştirebilmektir. Anne babalık kutsaldır. Onlar hayatlarından vererek çocuklarının mutlu ve güvenli olması adına ellerinden geleni yaparlar. Ancak bazen çocuk yetiştirme tarzındaki yanlış uygulamalar hedeflenen dileklerin yerine getirilmesi adına pek çok riski de barındırır.

Anne babalar çocuklarını mutlu etmek adına sınırları belirlerken pek çok hataya düşerler. Özellikle daha küçük yaşlarda gelişen bir durumdur bu ve nihayetinde bu dönemlerde ekilen tohumlar yetişkinlikte yanlış meyvelerin toplanmasına yol açabilir.

Küçük çocuklara hayır demek çok zordur. Onlar kendi özgür dünyalarında neyi isterlerse onu almanın yani hazzın peşindedirler. Bu hazzın ertelenmesi ise onların ağlayıp bağırarak bir tür istediğini koparma mücadelesine dönüşebilir. İstediklerini kabul ettirmek için bu yol çocukların sıkça başvurduğu bir yöntemdir.

Küçük çocuklar benmerkezcidir ve dünyayı kendilerinin kontrol ettiğini düşünürler. Çocukluk dönemi kişinin aslında kendisinin kim olduğunu öğrendiği ve bütün bir ömür boyu üzerinde taşıyacağı kimliğini kazandığı dönemdir. Bu dönemde anne babanın çocuk üzerindeki yansımaları kişiliğine ektiği tohumlardır. Bu kişiliğin oluşması için de anne babaların hayırları ve evetleri belirleyicidir.

Bir çocuk neden sınırlara ihtiyaç duyar?

1. Çocuklar sınırlar vasıtasıyla çevreyi ve dünyayı öğrenirler.

2. Çevreye ve dış dünyaya yönelik davranışların ne olması gerektiğini öğrenirler.

3. İnsanlarla olan ilişkilerin çerçevelerini çizerler, nasıl iletişim kuracaklarını öğrenirler.

4. Kendi güvenliklerini sağlarlar.

Küçük yaşlarda çocuklara öğretilen sınırlar yetişkinlik döneminde kurulacak ilişkilerin daha korunaklı olması açısından kritiktir. Hayır kelimesine alışmayan çocuklar kendileriyle ilgili sınırların farkına varamadan büyürler. Yetişkinlikte de oldukça geçirgen bir zar gibi kendilerine yönelen her şeye evet demek zorunda kalabilirler.

Çocuğun sistemine sızan "Evet de!" virüsü hayatı ve insanları okuma noktasında yanılgılara kapılmasına neden olabilir. İyiyi ve kötüyü seçemez hale gelip, kendilerini koruma noktasında sorunlara yol açabilir.

Sınırlarını öğrenemeyen bir çocuk ilerleyen yaşlarda nerede durması, neye hayır demesi gerektiğini bilemez ve yaşantısını dengeler üzerinde kurma becerisini edinemez.

Çoğu zaman anne babalar küçük çocuklarını susturmak adına tavizler verirler. Ağlamasın, üzülmesin diyerek onlara her istediklerini sunarlar. Böyle bir durumda çocuk neyi öğrenir? Ben ağlarsam her istediğimi alabilirim! Bu isyankâr tavır karşısında anne baba olarak direnmek kolay olmaz. Ancak sergilenmesi gereken güçlü duruş tıpkı bir heykel inşa etmek için yoğurulan çamur gibidir, çocuğun kişiliğinin sağlamlığı anne babanın sergileyeceği güçlü duruştan gelir.

Tartışmasız çocukların kendi dünyalarını keşfetmesi için özgür olması gerekir ancak sınırsız özgürlük edinen bir çocuk büyüdüğünde aynı özgürlüğü başkaları tarafından bulamadığında hayal kırıklıkları ile boğuşur. Sevgi ve ilgiyi koşulsuz olarak almalıdırlar ancak gerektiğinde hayır yanıtını duymaları kendi bahçelerinin çitlerini belirlemeleri adına gereklidir.

Çocuğunuzun tek ihtiyacı "gerçekçi hayır"lar duymaktır.

Gerçekçi hayırları duyan bir çocuk başkalarıyla kurduğu ilişkileri yönetme yeteneği kazanır. Ailenin korunaklı alanından dış dünyaya yönelen bir çocuk için yeni dünyada hayatta kalma becerisi onun kişiliğinin omurgasının sağlamlığıyla mümkündür. Başkalarına hayır deme cesaretini de yine buradan alır. Kendisi için neyin iyi neyin kötü olduğunun ayrımını yapabilmesi anne baba olarak kendi sınırlarınızın tarifinden yola çıkarak örülür. Nerede durması gerektiğini duyan bir çocuk başkalarının da durması gerektiği noktaların olduğunun ayrımına da varabilir.

Çocuklara hayır derken neye hayır dediğinizi ayırt etmeniz önemlidir. Aşırı sert kurallarla örülü bir dünyada kırılgan çocuklar yetiştirme ihtimali de vardır. Hayırlarınızı, çocuğun yaşı, ihtiyaçları, becerilerine göre seçmelisiniz. Bunu ufak bir çocuğa yüzme öğretirken uygulanan adımlar gibi hayal edin. İlkönce şişme kolluklarla suyun yüzeyinde durmaya çabalar çocuk. İlerleyen yaşlarda ise artık özgürce yüzebilecektir, böyle bir durumda kolluklara gerek yoktur.

Sınırları belirlerken sıkça düşülen kuyulardan birisidir "Eğer bir daha bunu yaparsan seni sevmem" cümlesi. Bu cümle çocuğun yapmasını istediği şeyin karşısında büyük ve ağır bir bedel olarak belirir. Çocuk neyi seçse üzülecektir böyle bir durumda, üstelik istediğini yaparsa annesinin sevgisini kaybedecek, eğer yapmazsa da gelişim fırsatını tepecektir. Bunun yerine "Seni çok seviyorum ama bu konuda ısrarcı olursan hafta sonu seni istediğin filme götüremem" benzeri bir cümle kurmak onun seçimlerini yönetebilme fırsatını hâlâ onda tutmak demektir. Çocuğunuzun karar verme mekanizmasını büyük bir bedel karşılığında çalmaya kalkmayın. Onun yeteneklerini test edeceği, kendini sınayacağı alanları yaratın ve bunu yaparken sunduğunuz seçeneklerin adil olmasını sağlayın.

Unutmayın çocuklar kurallara ihtiyaç duyarlar. Disiplinli bir hayat ve başkalarıyla daha sağlıklı ilişkiler kurması için kurallar ve sınırlar gereklidir. Belirlenen kurallara uyulmadığında yaşanacak hayal kırıklıklarıyla mücadele etmeleri de onlar için öğreticidir. Bırakın sonuçlarla yüzleşsinler. Tecrübelerinden iyi bir öğretmen olarak faydalansınlar.

Çocuklara sınırlar nasıl çizilir?

- Çocuğunuzun yaşı ve gelişim düzeyini dikkate alarak sınırları belirleyin. Örneğin iki yaşındaki bir çocuğun sıkılıp ağlaması doğaldır, bu konuda bir sınır koymaya çalışmanız çocuğunuzun düzeyini göz ardı etmeniz demektir.
- Kendi sınırlarınızı çocuğunuza hissettirin ve ifade edin. Her an vaktinizi ona ayıramayabileceğinizi (elbette yine yaş düzeyine uygun olarak), kendinize zaman ayırmak istediğinizi ya da o an başka bir şeyle meşgul olduğunuzu ve ona daha sonra zaman ayıracağınızı ifade etmeniz çocuğunuzun sizin dünyanızın sınırlarını keşfetmesi bakımından önemlidir. Böylece çocuk için bir rol model de olursunuz.
- Çocuğunuza sınırlarını anlatırken net ve tutarlı olun. Neyin neden yapılmaması gerektiğini iyi ifade edin.
- Sözlerinizde ve davranışlarınızda katı, sert, kırıcı, suçlayıcı ve cezalandırıcı bir tutum olmamasına özen gösterin.
- Çocuğunuzun olumlu davranışlarını övün. Sürekli yapmadığı ya da yanlış yaptığı şeylerden dolayı değersizlik hissinin oluşmasına yol açmayın. Olumlu davranışın onaylanması onun için pekiştirici bir işlev görebilir ve bu davranışların sürdürülmesi noktasında işe yarar.
- Sözlerinizi davranışlarınızla destekleyin. Örneğin çok fazla oyun oynayan çocuğunuzu uyardığınız halde oyun başından kaldıramadığınızda bilgisayarını kapatın. Bunu bağırmadan, kızmadan yapın ve sadece davranışlarınızla söylediğinizi pekiştirdiğinizi unutmayın.
- Çocuğunuzun bir birey olduğunu asla unutmayın. Ona saygı duyduğunuzu ve anlamaya çalıştığınızı gösterin. Empati kurun ve onun ihtiyaçlarının neden kaynaklandığını anlamaya çalışın.
- Zorlandığınız durumlarda bir uzmandan yardım al-

maktan çekinmeyin.

Arkadaşlar: Sizin için arkadaşlık neyi ifade eder? Kime arkadaş dersiniz?

Arkadaş, zamandan bağımsız ve koşulsuz olarak bir değer alışverişinin temelinde olduğu -bu değer sevgi, saygı, değerli hissetme vs. gibi şeylerdir- ve yakınlık, bağlılık kurduğumuz kimselerdir. Arkadaşlıkta doğruluk, dürüstlük ve samimiyet vardır.

Bağ kurduğumuz her insanla sınır ihlallerinin yaşanması olasıdır, arkadaşlarımız da bunlardan ayrı değildir. Arkadaşlarınızla aranızdaki bağlılığı, güveni sarsmamak adına uyumlu olmayı seçmeniz, diğer tarafınsa denetleyici rolünü artırması kurduğunuz ilişkideki dengeyi bozabilir.

Bu dengesizliğin iyice yerleşik hale gelmesi arkadaşlarınızla kurduğunuz ilişkiyi şu hale sokar: Eğer uyumlu taraf sizseniz, sürekli bir şeyleri yerine getirme ve sorun çıkarmama rolünü iyice giyinirsiniz, karşı taraf ise sürekli bir beklenti içindedir ve siz bunları yerine getirdiğiniz müddetçe de gayet mutludur. Taraflardan biri sürekli maniple ediliyor ve arkadaşlık kavramı altında kullanılıyor olabilir. İyi niyetin sömürüldüğü, içinin boşaltıldığı ilişkiler buna maruz kalan razı geldikçe sürüp gider.

Peki sorun nerede çıkar?

Eğer siz bir süreliğine uyumlu olma çabanızı bırakırsanız sizden bu beklentide olanların tepkisini çekersiniz. İşte sorun da burada yatar. Arkadaşlık tarifini yaparken koşulsuzluk kelimesinin altını çizmek gerekir. Çeşitli nedenlerle yerine getiremeyeceğiniz beklentileri yapmamayı seçme hakkınız vardır. Ancak siz bunları ifade ettiğinizde karşı tarafın memnuniyetsizliği öfke, kırgınlık, kızgınlık gibi duygular ortaya çıkarıyorsa arkadaşlığınızın dengelerini yeniden gözden geçirme zamanınız gelmiştir.

Kullanılan tarafın kazan kaldırması durumunda sömürücü kişi birtakım argümanlar geliştirir. Bunlar maniple edici sözler ya da ifadelerdir. "Hani arkadaştık, bunu bana nasıl yaparsın, arkadaşlığımıza biçtiğin değer bu mu?" cümleleri isyan ve öfkeyle dudaklardan dökülebilir.

Gerçek arkadaşlıkta ihlal ve baskılara yer yoktur. Özgür bir arkadaşlıkta üzerinizde yaptırım uygulanması söz konusu değildir. Gerçek arkadaşlık bir rüzgâr gibi eser ve hafiftir. Çatışmalar, fikir ayrılıkları olmazsa olmaz belki de ama iki taraf da özgürce kendini ortaya koyar ve birbirine kendini dayatmaz.

Bazı durumlarda arkadaşlarınız kendi sorumluluklarını sizin üzerinize yıkmayı deneyebilirler. Örneğin altına giremeyecekleri bir ödeme için sizden destek isteyebilir ya da kefil olup olamayacağınızı sorarlar. Sizin bu talep karşısındaki ikircikli tavrınıza alınganlık gösterip bunu bir test aracı gibi de kullanabilirler. "En zor zamanımda yanımda yoksun" mesajı vicdanınızı esaret altına alabilir, etkili bir silahtır çünkü ve sizi yakalaması da gayet muhtemeldir.

Arkadaşlarınızın sınırlarınızı ihlal ettiğini nasıl anlarsınız?

- Sizi yapmak istemediğiniz bir şeye zorluyorsa
- Vicdanınızı harekete geçirecek sözlerle sizi ikna etmeye çalışıyorsa
- Sizi sık sık üzüyor, kırıyor, kızdırıyorsa
- Sizden sürekli bir beklenti içindeyse
- Sorumluluklarını size yıkıyorsa
- Sorun yaşadığınızda özeleştiri yapmaktan kaçıyor ve sizi suçluluk duygusuna sürüklüyorsa
- Özelinize gereken önemi göstermiyor, dedikodunuzu yapıyor, yalan söylüyorsa

- Kendinizi arkadaşınızın yanındayken rahatlamak yerine daha gergin buluyorsanız
- Arkadaşınızla birlikteyken bedensel ve psikolojik olarak birtakım rahatsız duygular hissediyorsanız arkadaşlığınıza dair sınırlarınız kaybolmuş demektir.

Ancak burada dikkat edilmesi gereken önemli bir nokta daha var. Bu durumlar dönemsel ya da anlık olarak yaşanabilir. Dostluğun ve arkadaşlığın gereği bazı şeyleri tolere etmek de gerekir ancak bunlar süreklilik arz ettiğinde hayır demenin yollarını bulmanız gerekir.

Peki arkadaşlarınızla bu gibi durumların oluştuğunu fark ettiğinizde ne yapacaksınız? Ona nasıl hayır diyeceksiniz?

Öncelikle yaşadığınız deneyimi sakince düşünün ve değerlendirin. Sebep-sonuç ilişkilerini gözden geçirerek problemi net bir şekilde ortaya koyun.

Beklentilerinizi arkadaşınıza anlatırken kullandığınız kelimelere özen gösterin. Yargılayıcı ve suçlayıcı bir tavırla hareket etmeyin. "Seninle yaşadığımız bu olay bana kötü hissettirdi" ya da "Sen böyle yaptığında ben bunu düşünüyorum" gibi karşılıklı bir etkileşimden kaynaklanan şeyleri görmesini sağlayın.

Yaşananları bir güç savaşına dönüştürmeyin. Daha da önce belirttiğimiz gibi arkadaşlarınız da sizden hayır kelimesini duymaktan ilk etapta hoşlanmayacaklardır. Onların kızması, öfkelenmesi sizi de benzer duygulara sürüklemesin. Sakince durumu özetleyip anlaması için zaman verin.

Kararınızın arkasında durun. Ne olursa bu konudaki güçlü duruşunuz onun kendi sınırlarını yeniden çizmesine yardımcı olacaktır? Ne istediğinizi bilmeniz neyi yaşamak istemediğinizi de belirler.

İyi gün dostu olarak anılmak hoşunuza gitmeyebilir. Ancak sınırlar konusunda yaşanan yanlış şartlanmalara kapılmamak gerekir.

Kendinizi net ve dürüst bir şekilde ortaya koymanız sağlam arkadaşlıkların gelişmesini teşvik eder. Bu gibi durumlarda üzerinde durmanız gereken kaleniz bu olmalıdır. Sevgi ve bağlılıktan uzak çıkar ilişkisine dönmüş bir ilişkiyi yıkılmamak adına sürdürmeye çalışmak kırılgan bir zeminde yürümekten farksızdır, eninde sonunda o buz tabakası kırılacaktır. Memnun etme çabasının yarattığı gerilim huzursuz bir iletişim doğurur. Sürekli evet diyen taraf için bu gerilim sürdürülebilir değildir. Kendinizi bu tip bir gerilimden uzak tutmak isteklerinizi aranızdaki bağlılık gereği dürüstçe ifade etmekle mümkündür. Arkadaşlığın özündeki dürüstlüğün bir gereği olarak bunu yapma hakkınız vardır.

Elinizden geleni yaptığınız ve sınırlarınızı yeniden inşa etmeyi başaramadığınızdaysa en iyi çözüm uzaklaşmaktır.

Çünkü bazı arkadaşlıklara hayır demek gereklidir. *Akıllı Yaşama Sanatı*'nda Baltasar Gracián bakın ne diyor:

"İnsanın hayattaki büyük derslerinden biri kendini frenlemeyi bilmesi, daha da önemlisi ise kendini bazı işlerden ve insanlardan yoksun bırakmayı öğrenmesidir. Değerli zamanımızı yiyip bitiren önemsiz uğraşlar vardır. Sizi ilgilendirmeyen, üstünüze vazife olmayan işlerle meşgul olmak, boş durmaktan daha yanlıştır. Özenli bir insan başkalarının işlerine müdahale etmemeli, diğerlerinin de kendi işine karışmalarını engellemelidir. İnsan önce kendi işiyle ilgilenmek zorundadır, herkese yararlı olmak zorunda değildir. Arkadaşlar için de aynı kural geçerlidir. Arkadaşınızın verdiklerini kötüye kullanmamalı veya

verebileceklerinden fazlasını istememelisiniz. Özellikle kişisel ilişkilerde, her şeyin fazlası zarardır. Bilgece ve ölçülü bir yaklaşım, herkesin iyi niyetini ve itibarını en iyi biçimde korur, böylece dostluğun nimetleri de zamanla yıpranmaz. Böylece hem en iyiyi seçebilecek deha ve özgürlüğe sahip olur hem de beğeninin yazılı olmayan kurallarına asla ters düşmezsiniz."

İş Hayatı

"Biz hayır demeyi, işim var demeyi, olmaz demeyi beceremeyen insanlarız... Yorgunluğumuz bitmez bizim."

Reşat Nuri Güntekin

İş hayatında hayır diyememek sorumlulukların sınırlarının iyi çizilememesinden doğar.

İş yaşamında sınır ihlalleri farklı alanlarda olabilir:

1. Sorumluluklarınız ve becerilerinizle ilgili yöneticilerden kaynaklanan ihlaller

2. Özel hayatınızla ilgili ihlaller

3. İş arkadaşlarınızın ihlalleri

4. Kendinizden kaynaklanan sınır ihlalleri

Peki iş yaşantısında sizin hayır diyememenizin getirdiği sorunlar nelerdir?

Fazla sorumluluk mu alıyorsunuz?

Her projede, her alanda kendinizi göstermek gibi gereksiz bir çabanız mı var?

Fazla mesai kavramını abartmış olabilir misiniz?

Hayatınızda iş dışında başka nelere yer açıyorsunuz? İşkolik olabilir misiniz?

Önceliklerinizi belirleyemiyor ve zamanı yönetme konusunda tuzaklara mı düşüyorsunuz?

Nelere hayır diyemiyorsunuz?

Hayır diyemediğinizde nelerle uğraşmak zorunda kalıyorsunuz?

İş tanımınızın dışına çıkan şeyler var mı?

Yöneticiniz üzerinizde güç gösterilerinde mi bulunuyor?

Bu soruların yanıtlarını bulmaya çalışın. Bunlar sizin dışınızda üzerinizde kontrol mekanizmaları kurmuş kişilerle –bu kişi siz de olabilirsiniz– yeniden yapmanız gereken düzenlemeleri işaret eder.

Sınırlarınızı zorlayan kişi patronunuz olduğunda sizin için bazı riskler belirir. İşinizi kaybetme, hayalini kurduğunuz terfii ya da primi alamama gibi korkular sizi kendinizden çok daha fazlasını vermeye itebilir. Kendinize yeterince zaman ayıramaz, tüm yaşantınızın merkezine işinizi koyabilirsiniz. İş yaşantısında sık sık yaşanır bu durum ve sonuçta "burnout" dediğimiz tükenmişlik sendromunu tatmak zorunda dahi kalabilirsiniz.

Tükenmişlik sendromu, kişinin işle ilgili kendisinden beklenen şeylere hayır diyemediği durumda ortaya çıkan kaçınılmaz bir sondur aslında. Aşırı iş yükünün getirdiği yoğun stres bir süre sonra enerjinin tükenmesine, hayattan keyif alamamaya ve sürdürülen işlerin layıkıyla yerine getirilememesine neden olur.

Tükenmişlik sendromuna tutulmamak için nelere hayır demeniz gerekir:

Belirsizliğe hayır deyin: Hayattaki ihtiyaçlarımızı karşılamak için bir işte çalışırız. Para, manevi tatmin, hayatı anlamlandırma gibi pek çok şeyle iç içe geçmiştir bu beklentiler. Beklentilerin karşılanması noktasındaki belirsizlikler sizi ruhen tüketir. Yaptığınız bir işten ne kadar ödeme alacağınızı bilmek, fikirlerinizin önemsendiğinin bilincinde olmak, değer hissetmek istersiniz. Bunları netleştirmek adına taleplerde bulunmak motivasyonunuzu kaybetmemek adına gereklidir.

Mobbinge hayır deyin: Mobbing yani yıldırma iş dünyasında oldukça yoğun karşılaşılan durumlardan biri. Denetleyici, güçlü olma isteğinde ısrarlı, kötü niyetli, aşırı denetleyici kimseler tarafından yapıldığı belirlenen mobbingde mağdur genellikle hayır diyemeyen, özverili, yaratıcı, başarılı olmayı amaçlayan ve güvenilir kişiliklerdir. Mobbing, depresyon, anksiyete, uykusuzluk gibi ciddi psikolojik süreçlerin gelişmesine neden olur. Yöneticilerden daha çok çalışanları esir alır.

Neler mobbinge girer?

- Çalışan hakkında dedikodu yaymak
- Yapılan işin engellenmeye çalışılması
- Yok sayılma
- Küskünlük
- Lakap takma
- Sürekli suçlama ve eleştirme
- Cinsel istismar ve taciz
- Tehditvari konuşmalar
- İş sorumluluklarının dışında şeylerin yaptırılmaya zorlanması
- Aşağılama, hakaret ve küçümseyici davranışlar

Mobbing ciddi anlamda yıpratıcıdır. Hukuki olarak da bugün artık çeşitli yaptırımları vardır.

Ortak değerler: Para kazanmak, ihtiyaçlarımızı tamamlama zorunluluğumuzun olması çalışma hayatında birtakım değerlerin varlığını ortadan kaldırmaya gerekçe değildir. Faydalı olmak, üretim süreçlerinde bir rolünüzün olması, hem çalıştığınız kuruma hem de kendi hayatınıza anlam kazandırmak önemlidir. Çalıştığınız yerle aynı değerler uğruna savaşmıyorsanız, etik olarak kendinize uygun düşmeyen durumların bir parçası olduğunuzu hissediyorsanız hayır demeniz gerekir.

Yöneticileriniz kapasiteniz ve becerileriniz konusunda sizden yüksek beklentiler içinde olabilir. Yapamayacağınız görevleri yapmak zorundayken bulabilirsiniz kendinizi. Deneyim ve tecrübelerinize göre sizi aşan ve yapamayacağınız bir sorumluluğun size yüklenmesine hayır demelisiniz. Eğer bu sorumluluklar görev tanımınızı da aşıyorsa bunu yöneticinize belirtmeniz gerekir.

İş hayatında çalışma arkadaşlarınızla sınırlar konusunda yaşayabileceğiniz sorunlar neler olabilir?

Çalıştığınız kurumda genelde sorumluluk üstlenmekten kaçınan ya da kendi yerine getirmesi gereken işleri başkasına yıkmaya çalışan birisi tarafından esir alınmış olabilirsiniz. Eğer "Her şeye yeterim!" yanlış inancına sahip biriyseniz itiraz etmez ve kabul edersiniz. Ancak kapasiteniz nihayetinde sınırlıdır. Aldığınız sorumluluğu yerine getirmeniz için enerji, zaman, fiziksel ve zihinsel olarak çaba harcarsınız. Üstelik bunların yanı sıra işi hakkıyla da yerine getirmeniz gereklidir. Sırtınızdaki küfenin alabileceği yük bellidir ve siz hayır demediğinizde küfenize sürekli bir şeyler koyanlar varsa altında kalmanız muhtemeldir. Bunun cezasını başkaları değil siz ödersiniz.

Korku ve kaygılardan dolayı sorumluluk almaktan kaçınan arkadaşınızı sürekli koruyucu bir tavır sergiliyor olabilirsiniz. Ya da iyi niyetiniz suiistimal ediliyor olabilir. Arkadaşlarınız söz konusu olduğunda dikkat etmeniz gereken şey onların sınırlar konusundaki yanlış yönelimleri kadar sizin de sınırlarınızın geçirgen bir halde olmasıdır.

Yardımsever olmak güzeldir. Beraber çalıştığınız iş arkadaşınızla işbirliği içinde olmanın hem kendiniz hem de ortaya koyduklarınızı geliştiren ve büyüten bir işlevi olmalıdır.

Çalışma hayatının zaman zaman çok yoğun ve yıpratıcı olduğu bir gerçek. Kurumsal bir yer de olsa kurduğunuz bağ ve sadakat sizin oranın bir çalışanı olduğunuz gerçeğini de değiştirmiyor. Dolayısıyla iş yaşamında sunacağınız fedakârlığın da bir sınırı olmalı.

Kendinizle ilgili sınırları çizmediğinizde nelerle karşılaşabilirsiniz bakalım.

Fedakârlığın boyutlarını abarttığınızda özel hayatınız ihlal edilmeye başlar. Ailenizle, sevdiklerinizle ya da tek başınıza geçirmeye ayıracağınız zamanı işinize ayırmaya başlarsınız. Sürekli mesaiye kalmak, hafta sonu raporlarla ve dosyalarla boğuşmak zorunda kalır ve kafanızda sürekli işle yaşayan bir hale gelirsiniz. Aslında bunu siz yaparsınız. Siz hayır diyemediğinizde yaşamınızdaki diğer alanlar iş hayatınız tarafından işgal edilir.

Düşünün yaşam bahçenizin bir kısmını kaplaması gereken iş yaşantınız tüm bahçeyi işgal edecek bir boyuta geldi. Böyle bir durumda da sizin yeni ekecekleriniz için uygun toprak parçası kalmayacaktır. Üstelik büyütülen sağlıksız ve verimsizse ruhsal dünyanız da bundan nasibini alacaktır.

Yoğun tempoda çalışmak, geç saatlere kadar iş kovalamak sağlığınızı da bozmaya başlar. Fiziksel ve psikolojik olarak yıpranırsınız. Üstelik çalışırken yaşadığınız stres ve gerginlik etrafınızdaki insanlarla kurduğunuz ilişkileri de olumsuz etkiler.

Çok sık rastlanan bir durumdur. Zorlayıcı bir işgününden eve döndükten sonra üzerimizdeki kiri pası eşimize, çocuğumuza dökebiliriz. Stres altındayken içimizde biriken öfkeyi yanlış kişilere yönlendirebilir ve onları üzebiliriz.

Hayır diyerek altından kalkamayacağınız yüklerin altına girmemiş olursunuz. Örneğin belli bir bütçe karşılığında yapmanız gereken bir iş teklifi aldınız. Üstelik iş teklifini getiren kişi de sizin oldukça yakın bir dostunuz olsun ve size ricada bulunsun diyelim. Size kabul edip etmeyeceğinizi sorduğunda pek çok motivasyonla ne diyeceğinizi düşünürsünüz. Değil mi?

Peki neleri gözden geçirirsiniz?

Öncelikle teklifi getirenin yakın dostunuz olması ve üstelik de ricada bulunması nedeniyle çoktan cebinizdeki hayırların bir kısmı yanmıştır bile. Arkadaşınızı kırmaktan, onu geri çevirmekten dolayı hissedeceğiniz mutsuzluğun emareleri içinizde bir yerlerde belirmeye başlamıştır hatta. Sunduğu teklif karşılığında verilecek bütçe fena da değildir ama işe baktığınızda epey yorucu bir mesele olduğunu anladınız.

Böyle bir durumda evet demeniz sizin yapılması gereken işi zamanında yapamama, yeterince iyi yapamama gibi sonuçlarla uğraşmanıza yol açabilir. Üstelik aracı arkadaşınızı da size kefil olduğu için zor durumda bırakabilirsiniz. Üstüne üstlük eğer yaptığınız işle ilgili en azından o alanda tanınıyorsanız bu sizin için negatif bir algı da yaratır ve muhtemelen sizin çalışma stiliniz artık bu şekilde anılabilir.

Hayır demenin bazı anlarda faydaları tahmin edemeyeceğinizden de büyük olabilir. Eşinizi dostunuzu kırmamak adına söylediğiniz evetler, sizin emek vererek inşa ettiğiniz kişilik değerlerinizi ve mesleki bilinirliğinizi zedeleyecek sonuçlar doğurabilir. Hayır diyerek ayrıca gereksiz bir stresten de kurtulmuş olursunuz.

Yapabileceklerinizin seçimi sizin elinizde. Kimsenin elinize tutuşturduğu seçenekleri yapmak zorunda hissetmeyin. Kendi yapabileceklerinizin farkında olmanız ve bunu aynı zamanda da yönetebilmeniz size mutlu ve başarılı bir hayatın kapılarını açar.

Kendinize Hayır Diyebiliyor musunuz?

"Hararet nardadır sacda değildir
keramet baştadır tacda değildir
her ne arar isen kendinde ara
Kudüs'te Mekke'de hacda değildir..."
Hacı Bektaş Veli

"Kendini bil."

Apollon Tapınağı'nın kapısında yazar bu cümle. Dünyanın sayılı tapınakları arasında sayılan, kutsal bir yol üzerine kurulmuş bu yerin kapısında sizce neden bu cümle yazar?

İnsan dar sınırlarda yaşar. Biyolojide homeostasis kavramını özetleyen bu cümle, canlıların fizyolojik olarak vücutlarında meydana gelen her türlü değişikliğe karşı var olan dengenin korunması anlamına gelir.

Bedenimizde, iç mekanizmalarımızda işleyen bu kanun aslına bakarsanız dış dünyamızda da çalışır. Yaşamımız bir denge içinde sürdürülmelidir, aşırı uçlarda yaşamanın bedelleri vardır.

Kendi kendimize de hayır deme zorunluluğumuz var. Abartılı yönelimler, aşırıya kaçan davranışlar, sınırları belli olmayan arzular, takıntılar, yanlış yürünen yollar kendi kendimizin içsel sınırlarını zorlamaktan ortaya çıkar. Oldurmaya çalıştığımız her şey, zorladıklarımız hem bedensel hem de ruhsal olarak erozyona uğratır bizi.

Kendinize hayır diyemediğiniz noktalar var mı? Bunlar neden kaynaklanıyor olabilir?

Yoksa özdenetim yoksunluğu mu çekiyorsunuz?

Yaşam boyunca sahip olmamız gereken özelliklerden biri özdenetimdir. Başka bir ifadeyle kendi kendimizi denetleme, kontrol altında tutma, aşırı ve zararlı olandan kaçınmadır. Hayır diyememenin nedenlerinden birisi de geliştirilemeyen özdenetim yoksunluğudur. Özdenetiminiz yoksa belli amaçlar uğruna hayır demekten uzaklaşırsınız. Örneğin zararlı alışkanlıklar, aşırı yemek, aşırı spor, aşırı çalışma gibi yönelimler üzerinizdeki kontrolünüzün kaybolduğunun habercisidirler. Tüm bunlara evet dediğinizde denetleme imkânını yitirir ve kendinizi kısıtlayarak bir anlamda kendinize hayır diyemezsiniz.

Hayır demek reddetmek değil sahiplenmektir. Kendi sınırlarınızı belirlemek ve kendi benliğinizi sahiplenmektir.

Kapasitenizin yeterince farkında mısınız?

Her anlamda kapasitenizin farkına varın. Yapabileceğiniz işler için zihinsel ve fiziksel, ilişkiler içinde duygusal bir kapasiteniz var. Kapasitenizi aşmaya zorlayan her şey için hayır kelimesini kullanmaktan korkmayın.

Geçmiş deneyimlerin esiri mi oldunuz?

Hayatta yolumuza taş koyan engel kendimiz olabiliriz. Kendi sorunlarınızla, bulanık düşüncelerinizle meşgul olduğunuzda geçmişe takılıp kalır ve içinden geçtiğiniz zamanı izleme becerinizi yitirebilirsiniz. Zaman zaman hepimiz geçmişin kuyusuna ineriz. Can sıkıcı şeyleri bulur ve onlarla oyalanmayı tercih ederiz. Bize bunu kimse dikte etmez ancak kendimizle verdiğimiz mücadelede başarısız oluruz. Kendimizden doğan olumsuz duyguların ve yönelimlerin farkına varıp bunları ayrıştırmak için yerine getirmemiz gereken cesareti gösteremeyiz. Ancak bu büyük sorumluluktur, kendimiz için yapmamız gereken bir sorumluluk...

Sizin için hayır demek kusursuzlukla eşdeğer mi?

Kendimize yönelik geliştirdiğimiz "kusursuz olma takıntısı" hayırlarımızı engelleyebilir. Kendimizi bir süper-kahraman peleriniyle hayal etmek oldukça havalıdır ancak yere çakılma ihtimalimiz oldukça yüksektir. Yaşamın her alanında, her an herkese yetebilecek kadar kusursuz olmadığınızı kabullenmeniz sizi her evet dediğinizde üzerinize alacağınız yüklerden kurtarır. Kendinizi bu rol modele fazla kaptırdığınızda büyük bir yanılsamaya düşersiniz.

Kendinize yönelttiğiniz acımasız tavra hayır diyemiyor musunuz?

Kendimize hayır demekte çok zorlandığımız noktalardan biri de kendimize yönelttiğimiz iç gözlerimizdir. Bu iç göz bazen kontrolden çıkar ve kendi kendimizi gereksiz ve aşırı düzeyde eleştirmeye başlarız. Çoğu zaman başkalarına söylemeye cesaret edemediğimiz en sert kelimeleri kendimize yöneltir ve yıpranırız. Başkasına nazik olma çabalarımız nereye kaybolur da zalimce kendimizi yargılar ve suçlarız? Çok klasik bir örnektir ama bu gibi durumlarda içimizdeki çocuğa sarıldığımızı hayal etmek kendimize karşı takındığımız acımasız tavrı sona erdirmede oldukça etkilidir.

Zihninizi susturamıyor musunuz?

Aşırı düşünme de kendimize hayır demekte zorlandığımız şeylerden biridir. Yapılan çalışmalara göre gün boyunca zihnimiz ortalama 70.000 düşünce üretir. Aşırı düşünme panik, kaygı, stres gibi olumsuz duyguları tetikler. Düşüncelerin esiri olduğunuzdaysa anda kalmaktan ve yaşamın tadını almaktan uzaklaşırsınız. Zihninizi dinginleştirmenin yollarını kovalayın. Spor, hobiler, yürüyüş ve kendinizi arıtacağınız aktiviteler... Bazen de sadece durmak ve bir manzarayı seyretmek...

Kendinize hayır diyemediğiniz şeylerin altında yatan nedenler neler olabilir? Bunlar sizde ne gibi duygulara ya da davranışlara yol açıyor bunları fark edin. Sizi aşırı kaygılı, öfkeli, üzüntülü ya da depresif hissettiren şey nedir? Bedeniniz ve ruhsal dünyanızdaki yansımalar sizin duygularınızdır ve duygularınız bir şeyler olduğu için ortaya çıkarlar. Peki duyguları ortaya çıkaran şey nedir? Örneğin üzgün olduğunuzda mı gece yarısı dahi olsa buzdolabının kapağını açmaya yöneliyorsunuz? Yeme dürtünüzü alevlendiren şey üzgün olmanız diyelim, peki üzgün olmanıza neden olan şey ne? Bu sizin zihninizde takıldığınız ya da belki büyüttüğünüz aşırı bir düşünce olabilir mi? Ne hissettiğinizde alkole sığınma ihtiyacı duyuyorsunuz? Örneğin öfke duygunuzu yatıştırmanın size göre en etkili çözümü alkol almak. Peki sizde öfke yaratan durum ne? Gün içinde patronunuzla sürekli didişmeniz mi? Eşinizin sizi anlamaması mı? Maddi kaygılar mı?

Sorunların köklerini bulmak onları çözmek için de adım atabilmenizi sağlar. Farkındalık geliştirmek, iyileştirici bir tavırla sorunların üzerine gitmek size zarar veren yönelimlere de bir anlamda hayır demenize yardımcı olacak büyük bir adımdır.

Kendinize dair kontrolünüzü yitirdiğiniz alanları keşfedin. Hayır demekte zorlandığınız şeyler aslında içsel olarak sizin kendinizde bir şeyleri eksik, sorunlu ve yanlış görmenizle ilgilidir. Aslında bir anlamda ihtiyaç duyduğunuz bir şeyi gizleme çabasıdır. Peki neye ihtiyacınız var? Sizi bu dürtülere yönelten temel gereksinimleriniz neler? Sevilmek mi istiyorsunuz, yalnız kalmaktan mı korkuyorsunuz ya da kaygılarınız belli durumlarda kontrol edilemez hale mi geliyor?

Karşılaşabileceğiniz olumsuzluklardan uzak durmak için sığınacağınız limanlar belki de yanlış limanlardır. Onlar belki de temelde size ihtiyacınız olan şeyleri vermeyecekler. Siz bunlara evet derken gerçek ihtiyacınız olan şeyleri elinizin tersiyle itiyor olabilirsiniz.

Kendinize hayır diyemediğiniz şeylerin hayatınız üzerindeki yansımalarını okumak belki de bunlardan vazgeçmeniz için en etkili yöntemdir. Çünkü aşırılık her ne şekilde olursa olsun başka bir yerde zayıflık getirir. Fazla yemek yerseniz sağlığınız bozulur, kendinizi sanal dünyaya çok kaptırırsanız ilişkilerinizi zedelersiniz, zamanı doğru yönetemediğinizde çuvallarsınız, aşırı para harcarsanız ay sonunu getiremezsiniz.

Bunlarla yüzleşmek belki de kendinize nelerde hayır demeniz gerektiğini size doğru bir şekilde anlatır.

Hayır diyememe sorununuz yakınlarınızdakiler için de bir külfettir. Sorun yaratacak düzeyde evet deme alışkanlığınızın olması sizi gerçekten seven ve destekleyen insanların gözlerinin sürekli üzerinizde tutulmasına yol açar. Elbette onların en büyük derdi sizi korumak ve üzülmenizi engellemektir. Ancak sizin evetleriniz onları da kuşatır. Üzerinizde sizi kontrol edici ve engelleyici tavırlar hissetmenize neden olurlar.

IV. BÖLÜM

NASIL HAYIR DERSİNİZ?

"Dünyanın en güçlü adamına hayır demek kolay bir iş değildir ama bazen de o üstün kişinin saygısını elde etmenin tek yolu haddinizi aşmaktır."

House Of Cards dizisinden

Şablonlardan Kurtulun

Hayır deme sanatını icra etmenin incelikli yolları vardır. Doğruluğunu sorgulamadan inandığınız şablonlar yüzünden hayır demeyi kötü ve yapılmaması gereken bir şeymiş gibi üzerinize yapıştırmış olabilirsiniz. Oysa hayır demek sunduğunuz büyük bir hediyedir hem kendinize hem de başkalarına.

Hayır demeyi öğrenmek için nelere hayır diyemediğinizi bulun. Sizi rahatsız hissettiren durumlar, maddi ve manevi olarak sizi doyurmayacak teklifler, aşırı beklentiler, enerji vampirleri... Öncelikle kişileri ve hayır diyememe nedenlerinizi belirleyin.

Sizin hayır diyememe nedeniniz aşağıdakilerden hangisi?

- Bir şey rica edildiği için.
- Birisi yardımına ihtiyacım var dediği için.
- Çıkıntılık yapmamak ve uyumsuz olmamak için.
- İnsanları kırmamak için.
- Merhamet ve vicdanım ağır bastığı için.
- Kaybetmekten korktuğum için.

NASIL HAYIR DERSİNİZ?

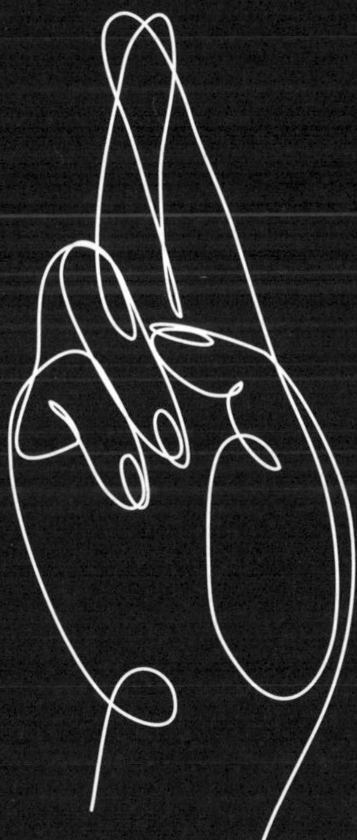

- Diyette olmama rağmen ikramı reddedemediğim için.
- Kötü insan olarak yaftalanmamak için.

Hayır diyemediğiniz şeyler sizi hapseder. Doğru olduğuna inandığınız yanlışlar, samimi bağlarla kurduğunuzu düşündüğünüz ilişkiler, gereksiz yükler ve duygusal çalkantılarla hayatınızı tıka basa doldurmuş olabilirsiniz. Oysa hayır demek sizin hayatınızı tıkayan fazlalıkları seçip ayırmanız demektir.

Hayır demek hayat yolunuzda önünüze gelecek yeni şeylere evet demektir. Hayatta kalmak için kullandığınız ve işe yarar sandığınız yöntemler çoktan paslanmış olabilir. Düzgün sandığınız ilişkiler çoktan ömrünü doldurmuştur belki de. Siz alıştığınız ama sürdürmek istemediklerinizi terk ettikçe ve hayır dedikçe hayatın dengesi gereği sizin için de yeni fırsatların değerlendirilebilme olasılıklarını hayatınıza dahil etmiş olursunuz. Unutmayın hiç kimse ya da hiçbir şey vazgeçilmez değildir. Kötü olan bir şey yoktur, yeni vardır ve yeniye alışmanız için de geçirmeniz gereken zaman...

Hayır deme nedeniniz yeniliğe duyulan korkudan kaynaklanıyor olabilir. Kötü de olsa alıştığınız bir düzeni, rahat rahat yayıldığınız konforu terk etmek size zor gelebilir. Günümüzde pek çok ilişki ne yazık ki sırf bu nedenlerle sürdürülmeye devam etmektedir. Sürekli sizi zorladığı, ezdiği ve kötü davrandığı halde birini terk etmeme gerekçeniz, yeni biriyle yeni bir şeylere başlama korkusundan kaynaklanıyor olabilir. Bu hapsedici bakış açıları, sizin gelişiminizi de engeller. Hangi yaşta olursak olalım kişiliğimiz her an gelişmeye devam eder. Ve siz hayır demedikçe kendiniz için gereken gelişim fırsatlarını ters tepmiş olursunuz.

Mutsuz olduğunuz halde terk edemediğiniz işinizi sırf yeteneklerinizi yeterince geliştiremediğinizi düşündüğünüzden erteliyor, tonla dert çekmek zorunda kalıyorsunuzdur belki. Bu da yine sizin gelişiminizin önüne çektiğiniz bir settir. Yeni bir iş, yeni bir dil, yeni yetenekler demekse eğer kendinizi bundan sakınmak yerine öğrenmenin ve gelişmenin iyileştirici gücüne bırakmalısınız. Sınırlarınızı zorlamadan potansiyelinizi görmeniz imkânsızdır. Korkularınız yükselmenizi engellemesin.

Uyumlu olmak adına üstlenilen sorumluluklar pahalıya patlar. Uyumlu davrananın zaman zaman kendini sorgulaması kaçınılmazdır. İçinizden gelmediği halde sırf uyumlu olmak adına yaptıklarınız yüzünden içinizde hissettiğiniz olumsuz duygular, kurulan ilişkilerde zaman içerisinde yaşanacak kırılmanın da habercisidir.

Boyun eğmek ve kendinizi mağdur gibi görmekten vazgeçin. Bu hayatınızı dengeli yaşamadığınızı gösterir. Sürekli karşı tarafın beklentilerini karşılamaya yönelik bir hayat yaşıyorsanız nasıl dengede durabilirsiniz ki? Bir tahterevallinin bir ucuna oturmuş bir filin karşısındaki kuş nasıl dengeyi sağlayabilir? Baskı, işgal ve denetlemeler hayatınızdaki fil gibi ağırlığı her zaman kendi tarafına çekecektir. Sizin bu alışverişte göstereceğiz çabalar ancak o filin orada oturmasına hizmet eder.

Otomatik Düşünceleri Bırakın

Zihnimiz işlevi olsun olmasın 70.000'e yakın düşünce üretiyor demiştik. Adeta bir düşünce fabrikası harıl harıl çalışıyor.

Bu düşüncelerin hangilerinin işimize yaradığını hangilerininse yaramadığını, aksine hayatımızı zorlaştırdığını yeterince fark edebiliyor muyuz peki?

Zihnimizde oluşan düşünce baloncukları sürekli konuşur. Neyi yapacağınıza, neyi seveceğinize, neyi söyleyeceğinize, nasıl hissettiğinize dair onlarca baloncuk... Bu düşünce baloncuklarının bazıları sizi kendi içine hapseder ve dışına çıkamayacak hale getirir. Anında beliren, ani refleksler gibidir bunlar. Temelleri çocukluğunuza, aile yaşantınıza uzanır. Bu düşünceler ne derse desin siz onların sizi yönlendirme şeklinden kendinizi kurtaramazsınız. Hatta hiç fark etmezsiniz bile.

Zihninizde beliren bu otomatik düşüncelerin nasıl geliştiğini yukarıdaki bölümlerde anlatmıştık. Hayır demeye uzanan yolun önemli taşlarından biri olan otomatik düşüncelere takılmamayı öğrenmeli ve geliştirmelisiniz.

Bunlar sizin güzel bir orman gezintisinde ayağınızın takıldığı çukurlar gibidir. Sürekli sendeler ve gezinin tadını çıkaramazsınız. Bu çukurları kapatmak, hayat yolculuğunuzun dengeli ve keyifli seyri için gereklidir.

Önceliklerinizi Belirleyin

"Hayattaki önceliklerimizi belirlersek, bunların dışında kalanlara gülümseyerek hayır demek daha da kolaylaşır."

Stephen Covey

İstemeyerek söylediğiniz evetler hayatınızdan çalar ve başkaları için yaşayan bir hizmetkâra dönüşürsünüz. Hizmetkâr kostümünü size giydirmemeleri adına kendi yaşam sınırlarınızı ve önceliklerinizi belirlemeniz gerekir. Aksi takdirde istemediğiniz şeylerle uğraşmak zorunda kalabilirsiniz.

Hayatınızdaki öncelikleri belirlememek enerjinizi tüketen şeylerin sürekli etrafınızı sarmasına neden olur. Enerjimizi en çok tüketen alışkanlıklar arasında yaşanan her durumu kişisel algılamak, geçmişe takılıp kalmak, aşırı stres, aşırı düşünce, çözüm değil suçlu kovalamak, dedikodu yapmak gibi şeyler sayılabilir.

Kendinize bir liste yapın. Elbette hayat sert ve katı kurallarla örülmez, her zaman sürprizlere açık olmak ve olağan akışında yaşamak gerekir. Aşırı planlı-programlı olmak, rutinin içinde kalmanıza ve yaşamdan bir süre sonra keyif alamamanıza yol açar. Ancak sorumluluklarımızı belirlemek ve bunların dışında kalanlara da her zaman açık kapı bırakmak lezzetli bir yaşam için gereklidir.

Aslında bu listeyi yapmanın incelikli bir yolu da hayatınızın işgal altındaki yerlerini keşfetmenizden geçer. Kim kontrolünüz dışında hangi şeyleri çalıyor? Hayatta nelere hayır diyemiyorsunuz? Önce hırsızları tespit edin. Daha sonra kontrolünü kaybettiğiniz yerlerin kumandasını tekrar ele alın.

Hafta sonu en azından bir günü tamamen kendinize mi ayırmak istiyorsunuz? Ya da yazacağınız kitabınızla ilgili yoğun bir şekilde çalışmanız lazım ama arkadaşlarınızdan bir türlü fırsat bulamıyor musunuz? Duygusal olarak maniple mi ediliyorsunuz ve sömürü batağına mı çekiliyorsunuz?

Hepimizin hayatında işgal ediciler vardır. Ailemiz, eşimiz, sevgilimiz, arkadaşlarımız, alışkanlıklarımız, zor durumdaki insanlar, çocuklarımız, patronumuz, iş arkadaşlarımız, özel bağ kurduklarımız... Bunlardan bazıları hayatımızdaki konumları gereği özel ve değerli olsalar da zaman zaman sınırlarımızı zorlayabilirler.

Eşinizle ya da sevgilinizle kurduğunuz bağ nedeniyle onları

kırmamak, üzmemek ya da yalnız kalmamak adına evetlerinizi rafa kaldırmış olabilirsiniz. Zor durumda olan ve yardımınıza ihtiyaç duyan birine merhametinizden hayır demekten kaçınabilirsiniz. Tüm bu durumlar eğer zamanınızdan, duygularınızdan ve kendi kişilik özelliklerinizden bir şeyleri alıp götürüyorsa işgal altındasınız demektir.

Yapacağınız listeye önceliklerinizi yazın. Size keyif veren ya da sizin ilginizi üzerinde tutmanız gereken şeyler var mı bunları bulun. Bu listeyi yaparken yine tuzağa düşüp başkalarını mutlu etmek adına yaptıklarınızla doldurmayın. Yazdığınız 10 madde sizin haricinizde sadece etrafınızdakileri içeriyorsa siz Evet Diyarı'nın yüce gönüllü bir hizmetkârısınız demektir.

Şimdi hayatta size keyif veren şeyleri düşünün. Örneğin "Haftada bir kez sinemaya gitmekten hoşlanırım" ya da "Akşamları kesinlikle iş maillerime bakmayacağım" diyebilirsiniz. "Arkadaşımın bana iş yıkmasına müsaade etmeyeceğim" ya da "Patronuma karşı mesafemi koruyacağım." Bu liste sizin sınırlar listenizdir.

Unutmayın en ağır yük, hayır diyemeyen insanın yüküdür. Bir ömür başkalarını taşır sırtında.

Daha çok gayret etmek, korktuğunuz için nazik olmak ya da başkalarının sorumluluğunu üstlenmek ilişkilerinizin kusursuz olması adına işe yaramazlar. Gereksinim duyduğunuz sevilme, yakınlık kurma gibi ihtiyaçların karşılanmasını sağlayan çözümler sizin her şeye evet demenizle mümkün olmaz.

Başkalarının sorumluluklarını almak yerine kendi hayatınızı sahiplenin. Kendiniz için istediğiniz hayatı düşünün. İçinde hapsolmak istemeyeceğiniz bir ilişki, sizi tatmin etmeyen bir iş hayatı, olmak istemediğiniz bir mekân, katılmak zorunda olmadığınız bir yemek davetine evet demek kendi önceliklerinizden vazgeçmeniz demektir. Hayatınızda yerine getirmeniz gereken sorumluluklar ve bunun üstüne bir de kendiniz için kendinize karşı yapmanız gerekenler vardır. Bunların yeterince farkında mısınız?

Zihinsel, fiziksel, duygusal ve ruhsal ihtiyaçları görememek bu alandaki sınırların işgaline ve tükenmenize neden olur. Önceliklerinizi iyi belirleyin. Yorgun argın bir halde eve döndüğünüzde, belki de kuracak tek cümle için bile gücünüz yetmediğinde size derdini anlatmak isteyen bir arkadaşınıza hayır demek ya da yoğun iş temposunda zihninizin tükendiği anlarda patronunuza mazeret üretmeden bunu belirtmek ve sizin de bir kapasitenizin, sınırlarınızın olduğunu hatırlatmak kendinizi tüketmemek adına yapmanız gereken önemli şeylerdir.

Neye hayır deyip neye evet diyeceğimizi seçimlerimiz belirler. Her seçim bir sorumluluk demektir yani siz evet dediğinizde aynı zamanda bir sorumluluk sırtlanmış olursunuz. Ne yazık ki sorumluluk alma konusunda olgun yaklaşım sergileyebilen insan sayısı azdır. Bir şeyleri başkalarına yıkmak konusunda oldukça istekli olanlarımız vardır. Bu bazen yaşanan bir tersliğin tamamen başkalarına mal edilmesi gibi duygusal bir yük ya da yerine getirilmesi gereken bir görev, iş olabilir. Sonuçta yaşadığınız olumsuz duygular nedeniyle evet demenizin faturalarını başkalarına kesmektense, bunun sizin seçimleriniz olduğunu görmek tekrar aynı hataya düşmemek adına çizeceğiniz bir yol haritasıdır.

Zaman Yönetimi

"Odaklanmak hayır diyebilmektir."

Steve Jobs

Gün içinde yetiştirmeniz ve yapmanız gereken pek çok şey

vardır. Öyle ki bazı durumlarda kendinize, hobilerinize ve özel hayatınıza bile yeterince vakit ayırmamaktan şikâyetçi olmaya başlarsınız. Bunca telaş arasında sizi sıkıştıran, bir şeyleri yapmaya zorlayan insanlara hayır demediğinizde kendi kişisel ihtiyaç ve isteklerinizden vazgeçmek durumunda kalırsınız. Zaman kıymetlidir ve geriye döndürülemez. Hayır demek bir anlamda size zamanınızı yönetebilme becerisini kazandırır. Gereksiz işlerle uğraşmaz, bunun yerine öncelikler listenizde belirlediğiniz şeylere ayırırsınız vaktinizi.

Zamanı kontrol edemediğinizde sadece kendinizi değil başkalarını da zor durumda bırakmış olursunuz. Zaman yönetiminde sizi aşan şeylere balıklama dalma dürtünüz yüzünden bocalayıp durabilirsiniz. "Ben her şeyi yaparım" tavrı ile her şeye evet derseniz asıl yapmanız gerekenlere yeterli zamanı ayıramazsınız.

Başkalarının beklentilerini tatmin etme aracı olduğunuzda her durumda çalınacak bir kapı haline gelirsiniz. İyi niyetli olmayan kişilerse bu zaafınızı görerek sizi sömürmek için elinden ne gelirse yapar. Bu da sizin kendinize olan özsaygınızı yitirmenize neden olur. İstemeden söylediğiniz evetler size kızgınlık, utanç, mutsuzluk ve kullanılmışlık hissi olarak geri döner. Bu sıkıcı bumerangı fırlatıp atmaktan vazgeçmeniz gerekir.

"Yasaların işlemediği tek bir hırsız vardır ve bu hırsız insanoğlunun en değerli şeyini çalar: Zaman..." der Napolyon. Etrafınız zaman hırsızlarıyla doludur. Arkadaşlarınız, sosyal medya, gereksiz dedikodu yapan insanlar, üretmek yerine tüketmeyi daha çok tercih edenler, sonu gelmeyen tartışmalarla tükenmiş bir ilişki... Gözünüze perde indiğinde çeşitli etkenlerle sizden neyin çalındığının farkında olamayabilirsiniz ama ruhsal ve bedensel olarak sizi tüketen ilişkiler ve alışkanlıklarınız farkında olmasanız da en çok zamanınızdan çalar.

Çok güzel bir hikâye vardır. Zamanın etkin kullanımı konusunda ders veren bir öğretmen bir gün öğrencilerine bir sınav yapar.

Öğretmen masasına kocaman bir kavanoz yerleştirir. Sonra sınıfa getirdiği torbalardan birinden aldığı iri kaya parçalarını kavanozun içine koymaya başlar. Kavanozda başka taş koyacak yer kalmayınca öğrencilerine döner ve sorar:

"Kavanoz doldu mu?"

Öğrencileri hep bir ağızdan "Evet doldu" diye yanıt verir.

Bunun üzerine öğretmen eğilip masanın altındaki çakıl dolu kovayı alır ve kavanoza dökmeye başlar, ara ara kavanozu sallayarak daha fazla taş parçasının boşlukları doldurmasına izin verir. Sonra yeniden sorar:

"Peki şimdi doldu mu?"

Öğrenciler bu sefer daha temkinlidir "Tam dolmuş sayılmaz" derler. Zaman öğretmeni bu sefer bir kova kum döker kavanozun tepesinden. Döktüğü kum her yeri doldurana kadar devam eder ve yine sorar:

"Kavanoz doldu mu?"

Öğrenciler bu kez "Hayır dolmadı" der. Öğretmen "Aferin" diyerek eline aldığı bir sürahi suyu döker bu kez. Ve sonra "Bu gördüklerinizden ne ders çıkarttınız?" diye sorar.

Afacanlardan biri "Gün içinde yapmanız gereken şey ne kadar çok olursa olsun her zaman yenilerine yer vardır" der.

Öğretmen sınıfa döner ve şöyle der: "Hayır, çıkarmanız gereken ders şu: Eğer büyük taş parçalarını baştan kavanozun içine koymazsanız daha sonra asla koyamazsınız."

Sizin hayatınızdaki büyük taş parçaları neler? Onları öncelikli olarak kendi hayat kavanozunuza yerleştirdiniz mi? Yoksa kum ve suyla kavanozunuzu çoktan doldurdunuz ve büyük parçaları dışarıda mı bıraktınız?

Yaşamınızda olması gereken büyük taş parçalarından önce kavanozunuza sızmak isteyenler olacaktır. Siz buna müsaade ettiğiniz sürece geçirdiğiniz zamandan çalan bu insanlar farklı farklı kostümlerle kapınızı çalabilir. Önceki bölümlerde bahsettiğimiz öncelikler konusu zaman kavramı ile birlikte yönetilmelidir. "Uygun zamanda, uygun insanlarla, uygun eylemler" mottosu hayır demeniz gerekenleri seçip ayırmak için oldukça işlevseldir.

Her Şeye Hazır Olun

Hayır dediğinizde suçlayıcı cümleler duymanız olasıdır. "Bunu bana nasıl yaparsın?" "Senden böyle bir şey beklemezdim!" "Beni nasıl yarı yolda bırakırsın?" gibi ifadeler göğsünüzün üstüne bir ağırlık olarak oturabilir. Bu cümlelerin manipülasyona ve denetlemeye yönelik cümleler olduğunu fark edin. Gerçek sorumluluk sahibi insanlar asla böyle cümleler kullanmazlar.

Kendi sınırlarının içinde kaybolmuş bir kişi elbette kendi içdünyasında gezdirmeyecektir bakışlarını. Sizin hayır diyerek onlardan elinizi ayağınızı çekmeniz nedeniyle oluşan boşluk hissi onlarda suçlayıcı bir psikoloji yaratabilir. Bu gibi durumlarda size yöneltilen suçlamaların üzerinize yapışmasına izin vermeyin. Her ilişki iki tarafın karşılıklı mutabakatı üzerine kuruludur. Talepkâr olan tarafın reddedilmesi bu sahte mutabakatın onların yüzüne çarpılmasıdır ve bu sert bir gerçekliktir.

Suçlayıcı ifadeler duyduğunuzda siz de suçlayıcı bir tavır içine girmeyin. Sonuçların kaybolmasına izin vermeden dirençli bir şekilde kararınızın arkasında güçlü bir duruş sergileyin. Hayatınızın iplerini tekrar elinize almak elbette sizi kontrol altında tutmak isteyenler için inciticidir. Onlar her ne pahasına olursa olsun sizin başkaldırmanızı, tavır koymanızı ve kendiniz olmanızı istemeyeceklerdir.

Hayır deyip de büyük bir tepkiyle karşılaştığınızda sakin kalın, kontrolünüzü yitirmeden neden evet demediğinizi açıklayın ve sonuçlarını mutlaka söyleyin. "Seninle mutlu olmadığım için bu ilişkiye devem etmek istemiyorum..." "Zihinsel ve bedensel olarak kaldıramadığım için bu projeyi yürütemeyeceğim..." cümleleri sonuçları da barındıran açıklamalardır.

Hayır diyememeniz bazı insanların sizden uzaklaşmasına, sizi terk etmesine neden olabilir. Bu sonuçlar her zaman olasıdır. Ancak hayat adildir ve olması gereken olur. Sizin kendiniz olmanız başka insanlarca kabul görmediğinde bırakın gitsinler.

Hayır derken kaybetme riskini göze almanız gerekir. Bir iş, bir ilişki, makam ya da mevki belki sadece sizi konforda tutan alışkanlıklar... Her ne olursa olsun hayır demek kayıplara yol açsa da hayatınızda yerine oturacak bir dengenin de habercisidir.

Hayır duyan insanlar yaşamlarında yüzleşmek zorunda kaldıkları şeylerle kendileri mücadele etmelidir. Sizin evetlerinizle yerine getirdikleri şey her neyse şimdi bunu kendileri gerçekleştirmelidir. Bu noktada kabahat işlemiş gibi bir psikolojiye yenik düşebilirsiniz ancak bunun sınırlarını da çizmeyi unutmayın. Suçlu değilsiniz sadece istemediğiniz bir şeyi hayatınızdan çıkarttınız. Bunun sorumlusu siz değilsiniz, bundan dolayı acı çekecek olanlara kötülük değil iyilik yaptınız.

Hayır dediğiniz kişi çok sevdiğiniz biriyse bu insanla ilişki tarzınızı yeniden düzenleyin. Belki sadece arkadaş olarak, belki de hayatından uzaklaşarak.

Adım Adım Hayır

"Şunu iyi bilmelisin, önüne çıkan yanlışa ne kadar çabuk hayır dersen, doğru karşına o kadar çabuk çıkar..."

Anonim

Neden hayır demeniz gerektiğini belirledikten sonra şimdi sıra harekete geçmekte! İlk başta biraz zorlanabilirsiniz ama hayır demenin özgürlüğünü elde ettikten sonra her şey sizin için çok daha keyifli olacak.

İşte altın kurallar:

Dürüst ve net olun: Her şeyin başı keskin bir duruş, net ifade edilen istekler ve kararlı olduğunuzu karşı tarafa temiz bir şekilde göstermek. Asla yalan söylemeyin, yalanlar yeni yalanlar demektir. Eğer koşullu sevgiye dayalı bir ilişkinin içindeyseniz muhtemelen diğer insanların sizden duyacağı hayırlar onların hoşuna gitmeyecektir. Böyle durumlarda aslında onları reddetmediğinizi, bir seçim yaptığınızı ve bu seçimin nedenlerini izah edin. Sizi ısrarla evine çağıran arkadaşınıza "Gelmeyi çok isterim ama çok yorgunum" demeniz kendinize ve karşınızdakine sunabileceğiniz bir dürüstlüktür.

Zaman kazanmaya çalışmayın: Sakın kimseyi oyalamayın, bu şekilde sadece kendinizi oyalamış olursunuz. Ve bekleyişin yarattığı stres sizin bir süre sonra verdiğiniz kararın arkasında duramamanıza yol açabilir.

Kendiniz için zaman isteyin: Eğer zaman kazanmak istiyorsanız bunu kendiniz için yapın. Hemen yanıt vermek zorunda değilsiniz. Seçenekleri değerlendirmek, artısını eksisini hesaplamak adına bir gece üzerinde düşünmek belki de gözden kaçırdığınız şeyleri daha iyi görmenize yardımcı olur. Ertelemek düşünmek için gereken zamanı size verir.

Bahane üretme dürtüsüne direnin: Sizden istenen bir şeye hayır demekte zorlandığınız durumlarda kendinizi ikna etmek için çeşitli bahanelere sığınabilirsiniz. "Ama bana ihtiyacı vardı..." "Sadece bir seferlik..." "Üzülmesini istemedim..." "Ama ben böyleyim..." gibi bahanelerin ardında yatan gerçekleri ancak siz görebilirsiniz. Bunlar sizin teknenizdeki deliklerdir. Kendinize dürüst olun. Hayır diyememenin yükü kendi yarattığınız bir yük olabilir. Karşınızdakinin bunu duyması belki de rahat bir tepkiyle karşılanabilir. Denemeden bilemezsiniz.

Kararınıza sahip çıkın: Güçlü bir duruş herkes tarafından takdir edilir. Sonuçlar her ne olursa olsun kazanın ya da kaybedin savaşınızın en önemli kısmı burasıdır. Kararınızdan vazgeçmeyin.

İstekte bulunanla yeni takvim yapın: Talepte bulunan kişi ısrarcı bir kişilikse ve hayır demeniz pek mümkün değilse şartlarınızı öne sürerek zaman planlaması yapabilirsiniz. Özellikle iş hayatınızda uygulamanız gereken bu adımdır.

Alternatif üretin: Hayır dediğinizde karşınızda üzgün suratlar görüyorsanız iyi niyetli olduğunuzu göstermek adına alternatif fikirler sunabilirsiniz. Örneğin sizden bir iş konusunda destek isteyen arkadaşınıza bu işi yapabilecek başka birini önerebilirsiniz. Sizin de bir hayatınızın olduğunu hatırlatmanız karşınızdakine sunacağınız alternatif gerçekliklerden biri daha olabilir. Ne de olsa dünya kimsenin etrafında dönmüyor öyle değil mi?

Kabiliyetlerinizin aralığını fark edin: Herkes her şeyi yapamaz. Aynaya bakın ve iyice emin olun: Siz ne kanatları eksik bir melek ne de bir süper kahramansınız. Yapabileceklerinizin, yetebileceklerinizin bir sınırı var ve güzel haber, hepimizde bu sınırlar mevcut! Kişisel hırslarınızdan, mükemmel olma çabanızdan, sürekli övgü ve takdir bekleme halinizden artık uzaklaşma vakti geldi. Siz, Hayır Deme Diyarı'nın bir yolcususunuz artık, eski alışkanlıklarınızı bir kenara bırakmalısınız. Yoksa bu sularda açılamaz ve batarsınız.

Kibar olun: Düşüncelerinizi ifade ederken hem sözlü olarak hem de beden dilinizi kullanırken kibar olmaya özen gösterin. Tatlı dilli olmak insanları daha kolay ikna etmede işinize yarar.

Kaybetme korkunuzla yüzleşin: Nihayet o sihirli kelimeyi söylemek üzeresiniz. Her şeye hazır olmanız gerektiğini söylemiştik. İnsanlar size küsebilir, hayatınızdan çıkabilir ya da sizi terk edebilir. Kendimiz olmanın bedelini maalesef bu şekilde ödetmek zorunda kalan insanlarla doludur etrafımız. Bu bir yenilgi değildir.

Başkalarının tepkilerinden sorumlu değilsiniz: İnsanların üzülmesi, küsmesi, zor durumda kalması sizinle ilgili bir durum değildir. Herkesin hayatında koruması gereken sınırları onlara hatırlatmanız sizin suçlu olmanız anlamına gelmez. Hayır diyerek başkalarının da sınırlarını belirlemesine yardımcı olursunuz. Hatta siz hayır dediğinizde tepki gösterdiklerinde onlara bir şey daha öğretirsiniz: Başkalarının seçimlerine karşı saygılı olmak.

Özgür olun: Hayır demek sizi özgürleştirir. Kendiniz için gerçekleşmesini istediğiniz her seçenek sizin kendinize layık gördüğünüz değerdir. Peki kendinize neyi layık görüyorsunuz? Çile, üzüntü, depresyon ve tutsaklığı mı yoksa özgürce yaşamayı, hayattan beklentilerinizi almayı ve mutlu olmayı mı? Kendi değerinize sahip çıkın ve onu koruyun. Siz koruyamazsanız kimse bunu sizin için yapmayacaktır.

Hayır dediğinizde duyduğunuz suçluluk duygusundan kaçmayın ancak bunun doğal bir suçluluk duygusu olduğunu fark edin. Evet dediğinizde hissedeceğiniz suçluluk duygusuyla hayır dediğinizde hissettiğiniz suçluluk duygusu aynı değildir. Biri korkularınızı diğeri vicdanınızı esir alır. Korkuyla maskelenmiş evetler yerine özgür hayırlarla doldurun hayatınızı.

Hayır derken başkalarının sınırlarını çiğniyormuşuz gibi yanlış bir algıya kapılırız. Oysa çiğnenen sizin sınırlarınızdır. Bu yanlış algıya kapılma nedeniniz içinizde sizi yanlış yönlendiren ve sizi eleştiren içsesinizdir. Sizi köleliğe zorlayan içses.

Berys Gaut - Morag Gaut

ÇOCUKLAR İÇİN FELSEFE

Felsefe / Çev. Feray Orman / 240 Sayfa / ISBN 978-625-7217-64-4

Bu kitapla her öğretmen ve ebeveyn çocuklara felsefe öğretmeye başlayabilir!

Bir felsefe profesörü ve bir ilkokul öğretmeni tarafından yazılan Çocuklar İçin Felsefe, öğretmenler için pratik bir rehber. Bu kapsamlı eser, üç yaşından büyük çocuklar ile başarılı bir şekilde denenmiş ve beğenilmiş 36 felsefi soruşturmayı ve ayrıntılı etkinlik planlarını içeriyor. Bu değerli kaynak, çocukların başkalarının fikirlerine saygılı ve hoşgörülü olmasını, dikkatle dinleyebilmesini ve kendi fikirlerini ortaya koyabilmesini kolaylaştırmayı amaçlıyor. Çevre, arkadaşlık, adalet, paylaşma, doğru-yanlış, görgü, güzellik, duygular, rüya ve gerçeklik üzerine çeşitli felsefi soruları araştırırken beraber düşünmenin entelektüel hazzını keşfetmelerini sağlıyor.

Berys Gaut, İngiltere'deki St Andrews Üniversitesi'nde felsefe profesörüdür.

Morag Gaut, İngiltere, Fife'deki Anstruther İlkokulu'nda öğretmenidir.

Feray Orman, Çocuklar İçin Felsefe (P4C) eğitmeni ve çevirmendir.

Manu Larcenet

SIRADAN ZAFERLER

Çizgi Roman / Çev. Emre Yavuz / 248 Sayfa / ISBN 978-605-9670-24-1

"Gerçekçi edebiyat ve çizgi romanın mükemmel bir birleşimi."
Booklist

"En iyi 5 grafik romandan biri. Psikolojik olarak yıpranmış, dünyayla ve aşık olduğu kadınla iletişim kurmaya çalışan bir fotoğrafçının, duygu dolu hikayesi. Çizimler çok etkileyici. Larcenet'in, sevecen karakterle dolu bu kitabı, insanda başka bir ülkeye seyahat etmiş hissi yaratıyor."
Time

"Çok katmanlı bir kitap. Diyaloglar, fazlasıyla içe dönük ve bazen rahatsız edici derecede gerçekçi. Karmaşık karakterleri ve geniş bakış açısı, bu hikayeyi daha da dikkat çekici kılıyor." Publishers Weekly

"Bir erkeğin bağlanma korkusunu zekice işleyen çok fazla kitap yoktur. Ergenlikten çıkış ve olgunluğa geçiş sürecini aynı şekilde anlatan kitap sayısı da oldukça azdır. Larcenet, her iki konuyu da çok güzel işlemiş."
L.A. Times

Frederick Litchfield

En Eski Zamanlardan Günümüze
EŞYANIN RESİMLİ TARİHİ

Araştırma / Çev. Seda Ateş / 376 Sayfa / ISBN 978-625-7217-65-1

Frederick Litchfield'in ilk kez 1892 yılında yayımlanan ikonik kitabı nihayet Türkçede. Eşyanın Resimli Tarihi kutsal kitaplardan, medeniyetin en eski zamanlarından Roma'ya, oradan Asya ve Uzak Doğu'ya, Rönesans'a ve Fransız Devrimi'ne kadar uzanan baş döndürücü bir "tarih boyunca mobilyalar" yolculuğuna çıkarıyor. Yeni başlayanlar ve meraklıları için bugün evlerimizde kullandığımız ev eşyalarının; koltuğun, yemek ya da çalışma masasının, döşemelerin ve süslemelerin tarih içindeki değişimine dair tatmin edici bir panorama sunuyor. İçindeki 400'den fazla çizimle EŞYANIN RESİMLİ TARİHİ, konuyla ilgisi olsun olmasın her iyi okurun kitaplığında bulundurmaktan büyük keyif alacağı bir kaynak kitap. Mobilyanın tarih içindeki değişimi ve her dönemin hâkim trendleri, dekorasyon modasına yön veren isimler ve akımlar, Litchfield'in kendine özgü üslubuyla bir asırdan fazla bir zaman sonra günümüze Seda Ateş'in özenli çevirisiyle ulaşıyor. Yazarın didaktik olmaktan uzak üslubu ve sözkonusu dönemlerin politik, kültürel ve sosyal hayatındaki değişimleri aktarmaktaki yetkinliği Eşyanın Resimli Tarihi'nin bugün de konunun meraklıları için bir başucu kitabı olmasının en önemli nedeni.